KB075469

Do
it!

게임, 데이터 분석
맛보기까지!

비유와 그림으로 '코딩 까막눈' 탈출!

첫 코딩

보통 사람이 알아야 할 프로그래밍 기초   with 파이썬

정동균 지음

이지스 퍼블리싱

코딩별★에
불시착한 보통 사람들을 위한
Do it! 시리즈

Do it! 첫 코딩 with 파이썬 — 보통 사람이 알아야 할 프로그래밍 기초

초판 발행 • 2021년 1월 15일
5쇄 발행 • 2023년 4월 14일

지은이 • 정동균
펴낸이 • 이지연
펴낸곳 • 이지스퍼블리싱(주)
출판사 등록번호 • 제313-2010-123호
주소 • 서울특별시 마포구 잔다리로 109 이지스빌딩 4층
대표전화 • 02-325-1722 | 팩스 • 02-326-1723
홈페이지 • www.easyspub.co.kr | 페이스북 • www.facebook.com/easyspub
Do it! 스터디룸 카페 • cafe.naver.com/doitstudyroom | 인스타그램 • instagram.com/easyspub_it

총괄 • 최윤미 | 기획 및 책임 편집 • 이수진 | IT 1팀 • 이수진, 임승빈, 이수경 | 교정교열 • 이명애 | 감수 • 김정욱
표지 디자인 • 정우영, 이유경 | 본문 디자인 • 여동일, 트인글터 | 삽화 • 김학수 | 인쇄 및 제본 • JS프린팅
마케팅 • 박정현, 한송이, 이나리 | 독자지원 • 오경신 | 영업 및 교재 문의 • 이주동, 김요한(support@easyspub.co.kr)

• 이 책은 2019년 11월에 출간된 《Do it! 첫 코딩 with 자바》의 파이썬 버전 책입니다.

ISBN 979-11-6303-215-1 13000
가격 18,000원

《Do it! 첫 코딩 with 자바》 책이 출간된 지 1년이 지났습니다. 그동안 온라인 서점에서 발표한 '2020년 올해의 IT 책'에 뽑히는 등 저의 기대보다 훨씬 많은 분들이 좋은 평가를 해주셨습니다.

전작에 이어 이번에는 '파이썬' 언어로 코딩을 시작합니다. 파이썬은 문법이 엄청나게 간결하고 자유로워 초보자들이 가장 좋아하는 언어입니다. 하지만 이 자유로움을 만끽하며 중급으로 넘어갔다가 좌절하는 분들을 많이 봤습니다. '파이썬 변수형의 메모리 관리' 등 자유로움 뒤에 숨은 복잡한 원리를 제대로 이해하지 않고 넘어갔기 때문이죠.

그래서 이번 《Do it! 첫 코딩 with 파이썬》에서는 《Do it! 첫 코딩 with 자바》에서 설명한 코딩의 원리와 함께 기존 파이썬 문법책에서 명확하게 설명하지 않는 중요한 원리들을 담았습니다. 처음엔 이해하기 힘들지 몰라도 중급으로 넘어갔을 때 '그때 이해해 두길 잘했네' 생각이 들 겁니다. 마지막 장에는 파이썬이 인기 있는 이유 중 하나인 '데이터 분석'을 간단히 경험하는 내용도 담았습니다. 물론, 아주 쉽게 얕게 담았으니 걱정 마세요.

이 책을 통해 바라는 게 있다면, 코딩을 처음 접한 누군가가 이 책으로 기본기를 쌓은 후 데이터 분석, 인공지능의 세계에 좀 더 빠르고 수월하게 적응했으면 하는 것입니다. 부디, 코딩별에 첫발을 디딘 여러분이 지치지 않고, 잠시 쉬어가더라도 끝까지 높은 고지에 올라갈 힘과 여유를 선물하는 책이 되기를 기대해 봅니다.

2020년 겨울
정동균 드림

디지털 혁명 시대의 필수 소양, 코딩!

'문과식' 비유와 그림으로 쉽게 이해!
문턱 없는 실습으로 빠르게 IT 지식인 된다!

컴퓨터가 야구 기사를 쓰고, 의사는 인공지능의 도움을 받아 환자의 치료법을 선택합니다. 기업들은 빅데이터 분석을 통해 마케팅의 효율을 극대화하며, 코딩 테스트를 취업의 관문으로 넣기 시작했습니다. 이렇듯 컴퓨터 기술은 우리도 모르는 사이에 삶 속에 스며들어 있습니다. 이미 우리는 디지털 세상의 생산자이자 소비자입니다. 이러한 흐름을 반영하듯 전 세계가 코딩을 가르치기 시작했고, 우리나라도 최근에 코딩을 정규 교육과정으로 편성했습니다. 컴퓨터공학을 전공하지 않았어도 코딩을 알아야 하며, 컴퓨터와 대화하는 능력이 기본이 되기 시작한 것입니다.

초등 고학년부터 대학생, 어르신까지
쫄지 마세요! 이 책을 보면 개발자의 언어를 이해할 수 있다!

이와 같은 흐름에 우리는 어떻게 대처해야 할까요? 이 책은 여러분과 같이 '어느 날 갑자기 코딩을 알아야 하는 상황'에 처한 보통 사람들을 위하여 쓰여졌습니다. 디지털 시대에 알아야 할 프로그래밍의 56가지 개념을 '비전공자의 입장'에서 설명하죠. 업계 사람들이 사용하는 말투가 아닌, 초등 고학년부터 대학생, 중·장년층까지 누구나 쉽게 읽을 수 있도록 '문과식' 설명으로 편안하게 코딩의 길로 안내합니다.

뿐만 아니라 기본기와 함께 클래스, 배열, 랜덤, 예외처리, 데이터 분석 등 현업에서 사용하는 응용기술도 배워 디지털 시대의 기반을 이해하고 공감할 수 있습니다. 개발자와 협업해서 일하는 기획자, 디자이너, 마케터라면 이런 내용을 다룬 04장~06장까지 꼼꼼하게 보세요. 책을 덮은 후에는 개발자의 말에 자신 있게 고개를 끄덕일 수 있을 것입니다.

147가지 비유와 그림!
'컴퓨터가 생각하고 행동하는 방식'을 유쾌하게 배운다!

그런데 도대체 '이공계식'이 아닌 '문과식' 설명이 뭐냐고요?
수학이나 컴퓨터와 관련된 전문용어 하나 없이, 쉬운 비유와 그림으로 코딩의 개념을 설명하는 것을 말합니다. 메신저로 대화하듯 컴퓨터와 대화하는 방법을 배우죠. 비전공자, 청소년도 읽을 수 있을 정도로 재미있는 코딩 이야기, 한번 들어보실래요?

사람의 언어로 설명하는 '프로그래밍 언어'(35쪽)

게임에 비유한 '멀티스레딩'(298쪽)

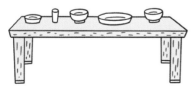

식탁과 그릇에 비유한 '램 메모리'와 '변수'(75쪽)

핫케이크 만들기에 비유한 '함수'(93쪽)

편리해요! 인터넷만 되면 바로 코딩 실습!
동영상 강의까지 모두 차려놓았으니, 키보드만 잡으세요~

"좋아! 코딩 시작해 보는 거야!" 호기롭게 시작했다가 '프로그램 설치'라는
장벽과 복잡한 옵션 때문에 코딩을 포기한 사람들이 많죠?
디지털 세상이 발전한 만큼, 코딩 역시 쉽게 배우는 방법이 생기고 있습니
다. 이 책도 그 방법을 이용해 아주 편리하게 코딩을 접할 수 있습니다. 인
터넷만 연결하면 바로 실습할 수 있고, 스마트폰으로 QR코드를 스캔하면
동영상 강의도 볼 수 있답니다. 따로 해설 링크를 찾을 필요도 없어요.

온라인 코딩 편집기(onlinegdb.com)

 이 책의 코드는 초보자에게 가장 인기 있는 프로그래밍 언어인 파이썬Python을
사용합니다. 물론, 파이썬 문법을 전혀 몰라도 누구나 쉽게 읽을 수 있습니다.

코딩별★에 불시착한 보통 사람들을 위한
Do it! 첫 코딩

03

컴퓨터는 어떻게
생각하고 판단할까?

04

코딩 종합선물세트,
클래스를 열어보자!

05

진짜 코딩하려면
여기까지 알아야 해

06

파이썬으로 게임,
데이터 분석까지 도전!

05, 06장에서는 현업에서도 사용하는 응용기술을 배웁니다.
하지만 걱정 마세요! 초보자 눈높이로 쉽게 풀어 썼으니까요!

혼자 공부해도 충분하고 교재로도 훌륭해요!
9회 완성 목표를 세우고 '코딩할 줄 아는 사람'이 되세요!

코딩 독학자, 기초 프로그래밍을 가르치는 선생님들에게 추천합니다!

기초   응용

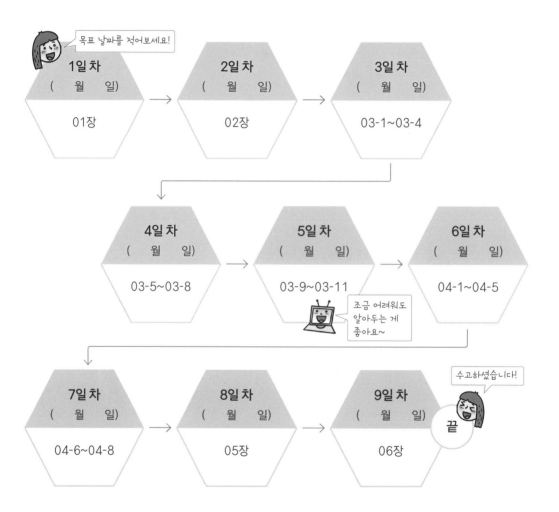

목표 날짜를 적어보세요!

| 1일 차 (월 일) 01장 | 2일 차 (월 일) 02장 | 3일 차 (월 일) 03-1~03-4 |

| 4일 차 (월 일) 03-5~03-8 | 5일 차 (월 일) 03-9~03-11 | 6일 차 (월 일) 04-1~04-5 |

조금 어려워도 알아두는 게 좋아요~

| 7일 차 (월 일) 04-6~04-8 | 8일 차 (월 일) 05장 | 9일 차 (월 일) 06장 끝 |

수고하셨습니다!

책을 통해 스스로 발전하는 지적인 독자를 만나보세요!
Do it! 스터디룸(cafe.naver.com/doitstudyroom)에 방문해 Do it! 공부단에 참여해 보세요!
공부 계획을 올리고 완료하면 책 1권을 선물로 드립니다(단, 회원가입 및 등업 필수).

56가지 코딩&컴퓨터 기본 개념 사전

이 책을 읽으면 다음의 56가지 개념을 모두 이해하게 됩니다!
쪽수를 따라가 바로 확인해 보세요~

01

코딩별★로
떠나보자!

코딩이란 도대체 무엇일까요? 왜 코딩이 필요할까요?

어렵게 생각하지 말아요. 컴퓨터 언어는 사람의 언어와 비슷한 면이 많답니다!

이번 장에서는 컴퓨터 언어가 무엇인지 살펴보고, 컴퓨터 언어를 몰라도

컴퓨터와 대화할 수 있도록 도와주는 번역자인 '프로그래밍 언어'에 대해서도 알아봅니다.

자 그럼, 코딩별★로 들어가 볼까요?

01-1

컴퓨터의 언어?
사람의 언어랑 비슷해

여러분은 외국어를 몇 개 국어나 할 수 있나요? 대부분은 모국어인 한국어를 제외하고, 영어 조금과 학교에서 배운 제2외국어 인사말 정도 아는 수준일 것입니다. (제가 너무 과소평가한 건 아니죠? 평균이 그렇다는 말입니다.) 외국어를 배우기 어려운 이유는 새로운 언어이기 때문인 것도 있지만 일상생활에서 외국어를 사용할 일이 별로 없기 때문입니다. 컴퓨터 언어도 '외국어를 배우는 것'과 비슷합니다. 새로운 언어이기 때문에 자주 접하고 많이 사용해야 실력이 늡니다. 그럼 컴퓨터 언어를 살펴보기 전에 우리가 언어를 이해하는 방법을 잠깐 생각해 보겠습니다.

우리가 언어를 이해하는 방법

우리말로 '사과'인 빨갛고 동그랗게 생긴 과일을 영어인 'apple(애플)'로 얘기해도, 일본어인 'リンゴ(링고)'로 얘기해도 듣는 사람의 머릿속에는 '사과', 'apple',

'リンゴ' 같은 단어가 아니라 빨갛고 동그랗게 생긴 사과 이미지가 떠오릅니다. 즉, 언어는 사람과 사람 사이에 정보를 전달하기 위한 수단일 뿐이고 머리로는 언어를 생각하지 않습니다. 아주 오래전 '언어'가 아직 발달하지 않았을 때 인류의 선조들이 그림으로 표현하고 소통했던 것과도 일맥상통하지요.

컴퓨터가 대화를 이해하는 방법

컴퓨터의 세계도 사람의 세계와 똑같습니다. 사과를 '사과', 'Apple', 'リンゴ'라고 언어마다 다르게 표현하듯이, 컴퓨터와 사람이 대화하는 '언어'도 여러 종류가 있습니다. 또한 어떤 언어로 말하든 사람이 머릿속으로 사과 이미지를 떠올리듯이, 컴퓨터는 머릿속에서 한 가지 방법으로만 생각합니다.
컴퓨터가 머릿속에서 생각하는 한 가지 방법은 무엇일까요?

01-2

01101000으로 말해야 알아들을 수 있어
─ 비트(Bit)

컴퓨터는 머릿속에서 **비트**Bit라는 단위로 생각을 합니다. 비트? 조금 낯선 용어인가요? 비트의 원래 의미를 사전에서 찾아보았습니다.

bit
1. 조금, 약간
2. (시간이나 거리가) 잠깐
3. (양·수의) 조금; 한 조각

단어의 의미는 '조금', '잠깐'이네요. 아마도 컴퓨터를 처음 개발한 분들이 컴퓨터의 생각 단위가 너무너무 단순하고 쪼그맣다고 해서 '쪼끔'이라는 별명을 붙인 것 같습니다.

얼마나 단순하기에 '쪼끔'이라고 했을까요? 비트에는 딱 두 가지 뜻만 있습니다.
전등의 스위치를 켜고 끄는 것과 같은 의미인 끄다^Off와 켜다^On입니다.

컴퓨터 개발 초기에는 '전기가 들어오고, 들어오지 않고'를 하나의 의미신호, Signal
로 이해했습니다. 하지만 '전기가 들어오고, 들어오지 않고'와 같이 표현하면 의
미 전달이 간결 명료하지 않기 때문에 쉽게 '아니요^No 또는 예^Yes' 혹은 '거짓^False
또는 참^True' 혹은 '0 또는 1'이라고 표현을 바꿔서 말하기 시작합니다. 이 중에서
'0 또는 1'이 짧은 말을 좋아했던 초기 개발자들이 가장 선호한 표현이었습니다.
결론적으로 '비트는 0 또는 1 중 하나의 정보를 가지는 쪼끄만 정보 단위다'라고
이해할 수 있습니다.

01-3

우리 0과 1의 조합으로 약속하자
─ 코드(Code)

그런데 좀 이상합니다. 손바닥만 한 스마트폰도 상상할 수 없을 만큼 다양한 일을 처리하는데, 컴퓨터가 생각하는 방식이 이렇게 단순해도 될까요? 혹시 제가 너무 케케묵은 옛날이야기를 하는 것은 아닐까요?

아래 '예/아니요 대화방'을 보면서 같이 생각해 보겠습니다.

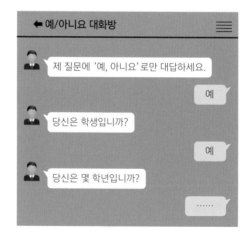

이런! '예, 아니요'로 단순하게 대답하라고 하니 '당신은 몇 학년입니까?'와 같은 질문에는 답변할 방법이 없네요. 하지만 이런 상황이 되면 기지를 발휘해서 해결 방법을 찾는 사람들이 언제나 있죠? 누군가 아래 그림과 같이 컴퓨터다운 해결 방법을 찾았답니다.

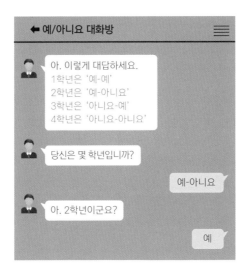

'예, 아니요' 둘 중 하나만 선택할 때는 두 가지 의미밖에 전달이 안 되었는데, '예, 아니요'를 2번 연결해서 사용하니 두 가지 이상의 의미도 전달할 수 있네요. 그럼 이제 '예, 아니요' 대신에 컴퓨터가 선호하는 단순한 표현인 '0, 1'로 대화를 바꿔보겠습니다.

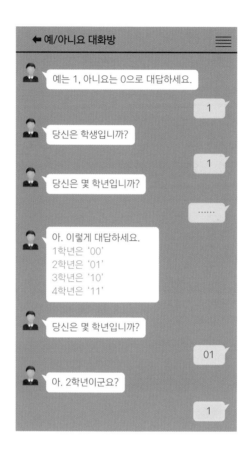

좀 그럴싸해 보이나요? 컴퓨터 개발자들은 쪼그마한 단위인 비트를 이렇게 여러 번 연결하는 방식으로 여러 가지 표현을 할 수 있게 만들었습니다. 그리고 위 대화방에서 '1학년은 00'이고 '2학년은 01'이라고 정한 것처럼, 각기 다른 비트의 조합이 의미하는 것들을 '약속'했습니다.

0과 1로 만든 약속: 코드

이렇게 '약속된 0, 1로 만들어진 부호'를 코드Code라고 부릅니다. 먼저 코드의 단어 뜻을 같이 알아볼까요?

code
1. 암호, **부호**
2. (사회적) **관례[규칙]**
3. (조직국가의) **법규[규정]**

부호의 의미도 있지만 관례, 규정이라는 뜻도 있습니다. 좀 더 친숙한 표현으로는 '약속'을 의미합니다. 그래서 프로그래밍에서 '코드'란 서로 간의 규정 또는 약속의 의미가 더해진 '약속된 부호'로 이해할 수 있습니다.

영어를 모두 표현할 수 있는 최소한의 크기: 바이트

0, 1로 여러 가지 표현을 만드는 방법을 알아낸 다음, 컴퓨터 개발자들은 사람의 언어와 컴퓨터 언어를 연결하기 위해 약속이 몇 가지나 필요한지를 곰곰이 따져보았습니다. 그 과정에서 영문 알파벳과 숫자, 특수문자의 개수를 일일이 세어보고, 비트를 8개 정도 연결하면 충분한 약속이 만들어질 수 있다는 것을 알게 되었죠. 그래서 **비트 8개를 묶어서 1바이트**Byte라는 새로운 단위를 만듭니다. 왜 바이트라고 처음에 표현했는지는 알 수 없지만, 저의 상상으로는 한 입 베어물어 먹을 만큼 쪼끄만 단위를 모아놓은 조각이라는 의미에서 '한 입'이라는 뜻의 영어단어 바이트Bite에서 따온 것이 아닌가 싶습니다.

bite

1. 한 입(베어 문 조각)

She took a couple of bites of the sandwich.
그녀가 샌드위치를 두어 번 베어 먹었다.

8비트, 즉 1바이트로 표현된 약속의 예를 하나 보겠습니다. 아래 예시는 아스키
ASCII라고 불리는 '약속'에 근거해 영어 대문자 A를 표현한 비트의 조합입니다.

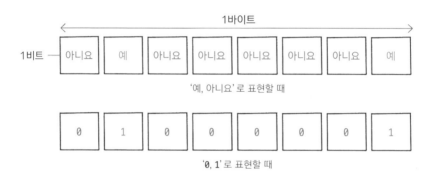

그리고 아래는 영어 소문자 c를 표현한 비트의 조합입니다.

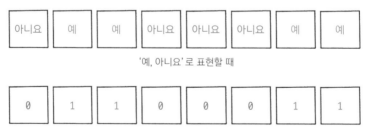

22

이와 같은 비트의 나열은 어디까지나 약속이기 때문에, 사용자들 간의 약속이 서로 일치하지 않으면 전혀 다르게 해석될 수 있습니다. 예를 들어 위의 아스키 코드에서는 '01100011'을 소문자 c로 약속했지만, 제가 임의로 'DK 코드'라는 걸 만들고 '01100011'을 느낌표(!)로 정의했다면, DK 코드로 해석한 사용자는 아래와 같이 소문자 c 대신에 !로 이해하게 됩니다. 따라서 전달하고 해석할 때 동일한 코드를 사용하는 것이 무엇보다 중요합니다.

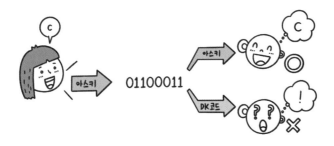

인코딩, 디코딩, 디코딩 오류

앞에서 살펴본 대로 전달할 때는 아스키 코드로, 해석할 때는 DK 코드로 해석하면 정보가 잘못 전달됩니다. 이런 상황을 **디코딩 오류**^{Decoding Error}라고 합니다. 사람의 언어를 컴퓨터 언어로 바꾸는 과정을 **인코딩**^{Encoding}, 그 반대의 과정을 **디코딩**^{Decoding}이라고 하는 데서 유래된 용어죠.

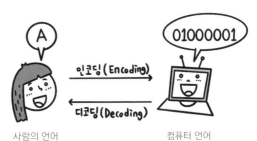

디코딩 오류가 나면 오른쪽 화면과 같이 글자가 모두 깨져 보이기도 합니다. 이런 상황이 발생하면 안 되겠죠? 그래서 동일한 약속을 서로 공유하는 것이 무엇보다 중요합니다.

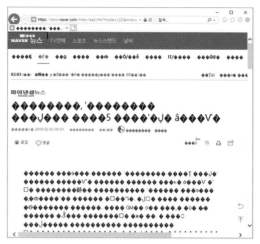

디코딩 오류가 발생해 글자가 깨진 모습

 궁금해요! 암호화된 코드는 어떻게 만들어요?

'암호화'도 인코딩, 디코딩과 원리가 같습니다. 코드의 내용이 공개되지 않고, 암호화 코드를 특정 사람들만 알아볼 수 있도록 제한한다는 점만 다를 뿐입니다.

예를 들어 2차 세계대전에서 독일군이 '뚜우-뚜-뚜-뚜우'라는 신호를 '미사일 발사'로 해석하는 코드를 비밀리에 만들어 사용한다면, 영국군은 '뚜우-뚜-뚜-뚜우'라는 신호를 몰래 엿듣는다 하더라도 그 의미를 알 수 없기 때문에 이해를 못합니다. 암호화되었기 때문입니다.

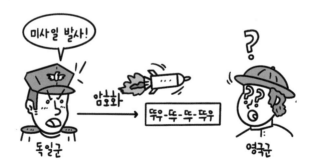

만약 '뚜우-뚜-뚜-뚜우' 신호가 들리고 독일군이 실제로 미사일을 발사하는 일이 여러 번 반복되면 그때부터는 영국군도 '뚜우-뚜-뚜-뚜우'가 '미사일 발사'와 관련된 신호라고 예상할 수 있겠죠? 이런 식으로 암호 해독이 진행됩니다. 하지만 실제로는 상대방이 알아채지 못하게, 더욱 복잡한 방법으로 신호를 주고받습니다. 노이즈Noise를 끼워넣는 것이 하나의 예입니다. 예를 들면 독일군끼리는 처음 두 가지 신호는 아무런 의미가 없는 신호라고 규정하는 것입니다. 이렇게 되면 독일군 사이에서는 '뚜-뚜-뚜우-뚜-뚜-뚜우'든 '뚜우-뚜-뚜우-뚜-뚜-뚜우'든 '미사일 발사'를 의미하는 같은 신호일 뿐입니다. 하지만 영국군 입장에서는 두 신호가 다르게 들리기 때문에 이 신호의 의미를 해석하는 일이 좀 더 복잡해집니다.

이런 식으로 코드 암호화가 갈수록 진화해 2차 세계대전 중엔 도무지 해독이 불가능한 복잡한 암호가 등장하게 됩니다. 하지만 앨런 튜링Alan M. Turing이라는 천재 수학자가 컴퓨터를 이용해서 굉장히 빠른 속도로 암호 해독을 해내는 데 성공합니다. 앨런 튜링 덕분에 군사기술에서 컴퓨터의 성능이 비약적으로 발전하게 되었고, 이제는 컴퓨터 없는 세상은 상상조차 할 수 없게 되었습니다.

앨런 튜링의 암호 해독 이야기를 다룬 영화 〈이미테이션 게임〉

손으로 푸는 코딩 문제 01 경찰의 암호 코드 해킹하기

Q 비상! 경찰차가 범인을 쫓고 있습니다. 범인은 경찰의 통신망을 해킹해서 자신의 차를 추적하는 경찰차의 위치를 알아내 요리조리 피해 다니고 있습니다. 통신망이 해킹된 것을 알아챈 경찰은 '2비트로 된 암호(영영, 영일, 일영, 일일)'로 경찰차에 위치 이동을 지시해서 범인에게 들키지 않고 범인 차량을 찾아냈습니다. 경찰 통신망에서 사용한 코드가 실제로 의미하는 방향을 맞혀보세요.

경찰의 지시 내용

'영영(00)' 방향으로 한 칸 이동하라!
'일일(11)' 방향으로 두 칸 이동하라!
'일영(10)' 방향으로 세 칸 이동하라!
'영일(01)' 방향으로 한 칸 이동하라!
'일영(10)' 방향으로 한 칸 이동하라!
'일일(11)' 방향으로 한 칸 이동하라!

코드		실제 뜻
숨어 있는 범인차		
영영(00) •	——→	• 아래
영일(01) •		• 위
일영(10) •		• 오른쪽
일일(11) •		• 왼쪽

경찰차

힌트 영영(00)은 아래로 가라는 뜻입니다.

정답 361쪽

01-4

ABC를 0과 1로 표현하는 방법
— 아스키, 유니코드

8비트(1바이트)로 몇 가지 약속을 할 수 있을까요? 우선 '예/아니요 대화방'에서 사용했던 2비트부터 알아보겠습니다. 2비트의 경우 '예-예, 예-아니요, 아니요-예, 아니요-아니요'와 같이 4가지 약속을 정할 수 있습니다.

3비트는 어떨까요? 2비트로 표현할 수 있는 4가지 모든 경우 앞에 '예'로 시작하는 것 한 번, '아니요'로 시작하는 것 한 번을 각각 더하면 3비트 조합의 가짓수가 나옵니다. 즉, 아래 그림과 같이 8개가 됩니다.

2비트 조합에 '예'를 추가

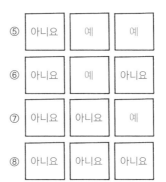

2비트 조합에 '아니요'를 추가

이를 통해 1비트가 늘어나면 약속이 가능한 조합의 가짓수는 2배씩 늘어난다는 것을 알 수 있습니다. 정리하자면, 8비트는 2를 8번 곱한 256가지를 약속할 수 있습니다. 16비트는 2를 16번 곱해서 나오는 숫자인 65,536가지의 약속을 할 수 있고요. 8비트(1바이트)에 비해 16비트(2바이트)가 매우 많은 약속을 할 수 있다는 것을 확인할 수 있습니다.

이제 컴퓨터 세계에서 가장 많이 사용하는 두 가지 코드를 소개하겠습니다. 하나는 8비트 단위로 약속을 정한 **아스키**^{ASCII}이고, 다른 하나는 16비트 단위로 약속을 정한 **유니코드**^{UNICODE}입니다.

알파벳을 위한 약속: 아스키

우선 아스키는 미국표준협회에서 만든 코드입니다. 아스키란 용어도 American Standard Code for Information Interchange^{정보 교환을 위한 미국 표준 약속}의 약자입니다. 미국에서 만들었으니, 당연히 미국 사람들이 쓰는 글자인 영문자에 대해 약속을 했겠죠? 아스키에서는 영어 대문자, 영어 소문자, 숫자, 특수문자를 8비트 안에 약속했습니다. 아래 표는 아스키의 몇 가지 예시입니다.

아스키(8비트)	
사람이 이해하는 문자	컴퓨터가 이해하는 숫자
)	00101001
*	00101010
+	00101011
...	
A	01000001
B	01000010
C	01000011

D	01000100	

...

a	01100001
b	01100010
c	01100011

...

여기서 잠깐! 대문자 A와 소문자 a가 서로 다른 코드로 표현되어 있지요? '의미'는 같지만 대문자와 소문자는 엄연히 다른 문자이기 때문에 다른 코드로 약속된 것입니다.

 궁금해요! 어떤 사이트에서는 대소문자 구분을 하지 않던데요?

컴퓨터 언어는 기본적으로 대소문자를 무조건 구별합니다. 하지만 사람들은 보통 영어로 이야기할 때 대소문자를 구분해 말하지 않죠. 이 때문에 어떤 개발자들은 문자가 입력되면 모두 소문자 또는 대문자로 변환되게 만들기도 합니다. 이렇게 하면 사용자는 마치 대소문자를 구분하지 않는 것처럼 느낍니다. 즉, 사용자의 편의를 위한 눈속임 코딩입니다.

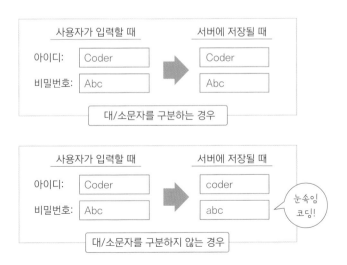

모든 언어를 위한 약속: 유니코드

이제 생각의 범위를 조금 더 확장해 보겠습니다. 만약 우리가 컴퓨터에서 영문자만 사용한다면 아스키만으로 충분할 것입니다. 하지만 현실은 그렇지 않죠? 컴퓨터를 사용하지 않는 나라를 찾아보기 힘들 정도로 컴퓨터 사용이 보편화되면서 영문자 외에 세계 여러 나라의 문자도 표기해야 할 상황이 되었습니다. 그래서 '유니코드'라는 새로운 약속을 만들어 약속 공간을 더 많이 늘렸습니다. 각 나라의 글자와 컴퓨터 비트 언어 간에 약속을 할 수 있도록 말이죠. 유니코드로 공간을 늘릴 때 10비트, 11비트와 같이 1비트씩 늘리지 않고 한 입 크기의 최소단위인 8비트(1바이트)의 두 배 크기로 늘려서 16비트(2바이트)를 기본 공간으로 정했습니다.

만든 방법은 간단합니다. 기존에 쓰던 아스키 코드를 유니코드 안에 쏙 집어넣습니다. 어떻게 넣었을까요? 먼저 영문자는 아스키 코드의 8비트 앞에 8비트 공간을 추가하고, 추가된 공간에 0을 여덟 번 넣어서 만들었습니다. 아스키 코드에 없던 새 언어에 대한 약속은 추가된 8비트 공간까지 사용해 만들었고요.

유니코드(16비트)	
사람이 이해하는 문자	컴퓨터가 이해하는 숫자
)	00000000 00101001
*	00000000 00101010
+	00000000 00101011
···	
A	00000000 01000001
B	00000000 01000010
C	00000000 01000011
D	00000000 01000100
···	
가	10101100 00000000
각	10101100 00000001

아스키 코드로 정의했던 영문자

새로 추가된 문자

30

이렇게 추가한 약속들 중 코드 개수가 가장 많은 언어는 한자입니다. 약 9만 개의 약속이 한자로 정의되어 있지요. 우리 한글은 두 번째로 많은, 약 1만 개의 약속으로 정의되어 있습니다. 유니코드로 약속된 한글은 유니코드 사이트(http://www.unicode.org/charts/PDF/UAC00.pdf)에서 확인할 수 있습니다.

유니코드 한글 문자표

 궁금해요! UTF-16, UTF-8?

'약속'을 의미하는 유니코드는 주고받는 방식에 따라서 이름이 조금씩 달라지는데, 이때 사용되는 용어가 UTF^{Unicode Transformation Format, 유니코드 변환 양식}입니다. 말이 조금 어렵나요?
예를 들어, 여러분이 쇼핑몰 사이트에 접속했다고 가정하겠습니다.

쇼핑몰 사이트   내 컴퓨터

쇼핑몰 사이트에서는 무수히 많은 상품 설명 문자와 그림들을 여러분의 컴퓨터에 전달합니다. 여기
서는 단순하게 '각'이라는 글자를 전달한다고 가정하겠습니다. 앞에서 '각'을 의미하는 유니코드
는 10101100 00000001이라고 했죠? 그래서 실제로는 아래와 같은 비트의 값이 전달됩니다.

쇼핑몰 사이트   내 컴퓨터

이렇게 전달하는 방식을 16비트로 유니코드를 전달한다고 해서 **UTF-16**이라고 합니다.
그런데 영어만 주로 사용하는 사람들이 UTF-16 방식이 비효율적이라고 느끼기 시작했습니다. 영
문자는 유니코드로 약속할 때 앞쪽 8비트가 항상 0으로 가득 차 있기 때문이죠.

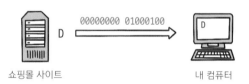

쇼핑몰 사이트   내 컴퓨터

마치 택배 두 상자를 보내는데, 한 상자는 항상 텅 빈 상태로 보내는 것과 같은 상황인 것입니다. 그
래서 다른 방법을 생각해 냈습니다. 16비트까지 필요하지 않은 영문자는 8비트만 사용해서 전달하
고, 16비트까지 필요한 경우에만 16비트로 보내는 것이지요. 이 방식이 바로 **UTF-8**입니다.

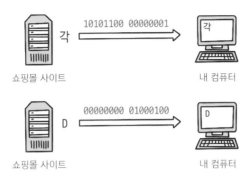

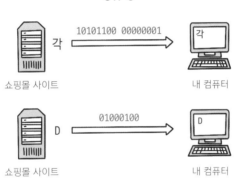

(엄밀히 말하면 UTF-8 방식에서 '**각**'을 전송하기 위해서는 3바이트 공간이 필요합니다. UTF-8 방식에서 값을 전송하기 위해 사용하는 '틀' 공간 때문이죠. 하지만 '**각**'을 의미하는 2바이트의 유니코드 값은 변화가 없으므로 위와 같이 표현하겠습니다.)

이처럼 UTF 뒤에 붙는 숫자는 전달되는 정보의 최소 비트를 의미합니다. 최근에는 글자를 전달할 때 대부분 UTF-8 방식을 사용합니다.

Q 알파벳 대문자에 대한 아스키 값입니다. 본인의 영문 이름을 아스키로 써보세요.

문자	아스키
A	01000001
B	01000010
C	01000011
D	01000100
E	01000101
F	01000110
G	01000111
H	01001000
I	01001001
J	01001010
K	01001011
L	01001100
M	01001101
N	01001110
O	01001111
P	01010000
Q	01010001
R	01010010
S	01010011
T	01010100
U	01010101
V	01010110
W	01010111
X	01011000
Y	01011001
Z	01011010

	예 시
K	01001011
I	01001001
M	01001101

정답 이 문제는 정답이 따로 없습니다.

01-5

코딩별★ 여행을 도와줄 번역기 — 프로그래밍 언어

여기까지 잘 따라왔다면, 아래 예시 그림과 같이 사람이 어떤 표현을 쓰더라도 컴퓨터는 비트 단위로만 생각한다는 것을 이해하겠지요?

그런데 컴퓨터가 비트로 생각한다는 것까지는 이해했는데, 사람의 언어를 비트로 번역해 줄 번역자의 존재가 보이지 않네요! 번역자가 없다면, 어떻게 컴퓨터에게 말을 걸까요? 01001100과 같이 비트를 계속 입력해야 할까요? 컴퓨터 초기에는 그렇게 했다고 합니다. 아래 예는 간단한 수학 연산을 하는 명령어를 비트로 표현(이를 '기계어Machine Code'라고 합니다)한 것입니다.

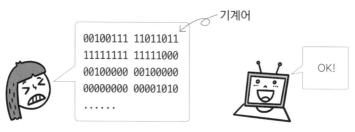

기계어 입력은 너무 어려워요!

도대체 무슨 말인지 알아볼 수가 없죠? 다행히 컴퓨터 기술이 발전하면서 기계어로 입력하는 번거로운 작업을 대신 해줄 도구가 등장합니다. 사람이 알아볼 수 있는 언어로 작성하면 이를 기계어로 '번역'해서 컴퓨터에게 알려주는 도구이지요. 이 도구가 바로 '프로그래밍 언어'입니다.

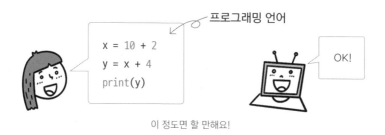

이 정도면 할 만해요!

사람의 언어가 한 가지가 아닌 것처럼 프로그래밍 언어도 여러 종류가 있습니다. 각각의 프로그래밍 언어는 저마다 장단점이 있습니다. 이로 인해 잠깐 나타났다 사라지는 언어가 있는가 하면, 몇십 년 동안 꾸준히 발전하면서 프로그래머들의 선택을 받는 프로그래밍 언어도 있습니다. 또한 사람의 언어는 수천 년 동안 별다른 교류 없이 따로 발전해 왔지만, 컴퓨터 언어는 현대에 개발되었기 때문에 서로 교류하면서 발전했습니다. 그래서 모양과 형태만 조금씩 다를 뿐 기본적인 틀은 비슷합니다. 이 때문에 하나의 프로그래밍 언어를 제대로 알면 다른 프로그래밍 언어를 이해하기가 쉽습니다.

컴퓨터 언어 번역기: 컴파일러

프로그래밍 언어가 하는 역할 중에서 사람이 알아볼 수 있는 단어로 작성된 언어를 컴퓨터가 이해하는 언어로 변환하는 작업을 '**컴파일**Compile'이라고 합니다. 일반 사람들에게 다소 생소한 compile이라는 단어를 사전에서 찾아봤습니다.

com·pile

1. (여러 출처에서 자료를 따와) 엮다, 편집[편찬]하다

We are trying to compile a list of suitable people for the job.
우리는 그 일에 적합한 사람들의 명단을 작성해 보고 있다.

마치 자료를 엮고 편집하는 작업처럼 우리가 프로그래밍 언어로 작성하면, 이를 '컴퓨터가 읽을 수 있는 비트 형태로 편집하는 과정'이 바로 컴파일이라고 이해할 수 있습니다. 그리고 이렇게 편집하는 도구를 **컴파일러**Compiler라고 하지요. 각각의 프로그래밍 언어는 각자의 번역기인 컴파일러를 가지고 있습니다.

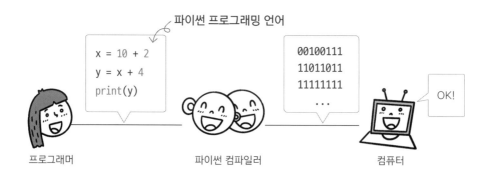

파이썬 프로그래밍 언어

```
x = 10 + 2
y = x + 4
print(y)
```

```
00100111
11011011
11111111
...
```

OK!

프로그래머   파이썬 컴파일러   컴퓨터

위 그림은 10+2를 한 값에 다시 4를 더한 다음 출력하라는 명령어를 파이썬 언어
로 표현한 예시입니다. 사람이 프로그래밍 언어로 말하면 컴파일러가 컴퓨터가
이해할 수 있는 언어로 '번역'해 주는 것을 확인할 수 있습니다.

이제 프로그래밍 언어라는 것이 무엇인지 감이 오나요?
앞에서도 언급했지만, 프로그래밍 언어는 종류가 많습니다. 각각 장단점이 있다
보니, 비교적 다양한 프로그래밍 언어들이 골고루 사용되고 있습니다. 현재 많이
사용되는 언어로는 파이썬, C언어, C++, 자바, C# 등이 있습니다.

 궁금해요! 기계어란 무엇인가요?

기계가 가장 좋아하는 언어: 기계어

기계어Machine Code란 말 그대로 기계와 바로 대화할 수 있는 언어입니다. 0, 1이라는 '2진수'만
사용하죠. 얼핏 생각하면 간단해 보이지만 실제로 기계어로 명령을 내리는 건 쉽지 않습니다. 짧은
문장을 화면에 띄우는 것조차 수십 수백 줄의 0, 1의 조합으로 입력해야 하기 때문이에요. (여러분
의 모니터에 0, 1이 가득하다고 상상해 보세요.) 시간이 아주 오래 걸릴뿐더러, 실수로 잘못 입력할
확률도 높겠죠?

사람이 조금 알아볼 수 있는 기계어: 어셈블리어

0, 1의 조합으로 만들어진 기계어를 알파벳 문자로 변환하여 그나마 알아볼 수 있게 기호화한 언어를 **어셈블리어**Assembly Language라고 합니다. assemble의 뜻을 살펴볼까요?

as·sem·ble

1. 모이다, 모으다, 집합시키다

All the students were asked to assemble in the main hall.
모든 학생들을 중앙 홀에 모이게 했다.

2. 조립하다

'모이다, 모으다' 라는 단어입니다. 어셈블리어는 말 그대로 0, 1의 조합으로 나올 수 있는 단어를 모아서 사람에게 익숙한 알파벳 기호로 1:1로 바꾼 상징적인 기호 언어를 말합니다. 다음과 같이 0과 1의 조합을 영어 표현으로 기호화해 바꾼 것이죠.

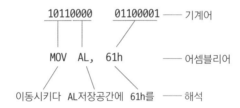

현재의 프로그래밍 언어와 기계어의 필요성

현재의 프로그래밍 언어는 어셈블리어를 사람들이 이해하기 더 편하게 만든 언어입니다. 누군가와 이야기할 때 '나랑 수준이 맞네?' 라고 생각한 적 있나요? 이는 '나랑 말이 잘 통하네!' 라는 뜻이지요. 컴퓨터 세계에서도 비슷해요. 사람과 비슷한 수준으로 이야기할 수 있는 프로그래밍 언어를 '수준이 높다'는 의미로 '하이레벨 언어High-Level Language' 라고 표현합니다. 상대적인 표현으로 어셈블리어를 '로우레벨 언어Low-Level Language' 라고도 합니다. 수준 높은 프로그래밍 언어로 프로그래밍을 하면, 기계어로는 1달 이상 힘들게 작성해야 하는 코드를 하루 만에 만들 수도 있습니다.

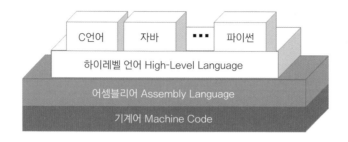

그럼 이제는 기계어를 배울 필요가 없을까요? 그렇지 않습니다.

현재의 프로그래밍 언어들이 우리가 작업한 코드를 기계어로 잘 번역(컴파일)해 주고는 있지만, 컴파일된 기계어가 최적화된 언어는 아닙니다. 그래서 아주 정밀한 계산 또는 빠른 속도를 요구하는 환경에서는 기계어로 코딩을 합니다. 대표적인 예로, 우주로 쏘아 올리는 인공위성에 들어가는 기계들의 경우 제한된 기계 능력을 최대한 활용하기 위해 기계어로 코딩을 한다고 합니다. 물론 일반 컴퓨터에서도 부분적으로 기계어로 코딩을 해서 성능을 끌어올리기도 합니다.

기계마다 다른 기계어

중앙처리장치 제작사는 잘 알려진 인텔Intel 외에도 수많은 업체들이 있습니다. 제작사별로 CPU에서 사용하는 명령어들이 다른데 그 언어가 바로 우리가 배운 기계어입니다. CPU마다 사용하는 기계어가 다른 것이죠. 따라서 기계어에 관해서 이야기할 때는 반드시 적용되는 기준 기계를 함께 표시해 줍니다.

실제 CPU의 모습

너무 어려운 개념이었나요? 이런 모든 어려움을 혁신적으로 해결해 준 것이 요즘 유행하는 프로그래밍 언어입니다. 덕분에 기계와 쉽게 대화하게 되었으니 감사한 마음으로 배워야겠죠?

01-6

프로그래밍 언어의 종류

프로그래밍 언어의 종류에 대해 좀 더 알아보겠습니다. 우리가 사과를 '사과', 'Apple', 'リンゴ'라고 부를 수 있는 것처럼, 화면에 'Hello, World!'를 표시하는 코드도 다음과 같이 여러 가지로 표현할 수 있습니다.

화면에 'Hello, World!'를 표시하는 다양한 프로그래밍 언어 표현

파이썬	print("Hello, World!")

C언어	```
	#include <studio.h>
	
	int main(void)
	{
	    printf("Hello, World!");
	    return 0;
	}
	``

| C++ | ```cpp
#include <iostream.h>

int main()
{
    std::cout << "Hello, World!";
    return 0;
}
``` |
| C# | ```csharp
using System;

class Program
{
    static void Main(string[] args)
    {
        Console.WriteLine("Hello, World!");
    }
}
``` |
| 자바 | ```java
class HelloWorldApp {
    public static void main(String[] args) {
        System.out.println("Hello, World!");
    }
}
``` |
| 자바스크립트 | ```javascript
console.log("Hello, World!");
``` |

스크립트 언어

그런데 비교적 코드가 긴 다른 언어들과 달리 자바스크립트와 파이썬의 코드는
딱 1줄로 끝나네요! 이 두 언어는 '**스크립트 언어**Script Language'이기 때문입니다.
우리가 지금까지 배운 '프로그래밍 언어'는 컴파일 과정을 거쳐 기계어로 번역한
후 실행되는 언어인 데 반해, 스크립트 언어는 한번에 기계어로 미리 번역하지 않

고 실행할 때마다 한 줄씩 번역합니다. 그래서 코드도 짧고 간단하죠(스크립트 언어에서 이런 방식으로 번역하는 도구를 '컴파일러'가 아닌 '인터프리터'라고 부릅니다).

스크립트 언어는 문법이 쉽고 간단한 반면에, 복잡한 기능은 구현하기 힘들다는 단점이 있습니다. 대표적인 예로 홈페이지 개발에 자주 쓰이는 자바스크립트 JavaScript가 있습니다. 이 책에서 다루는 파이썬Python은 스크립트 언어의 단점은 보완하고, 프로그래밍 언어의 장점은 더욱 강화한 언어입니다. 프로그래밍 언어와 스크립트 언어의 경계선에 있는 언어라고 말할 수 있습니다.

마크업 언어

마크업 언어는 컴퓨터 세계에서 사용하는 언어이긴 한데, 프로그래밍 언어가 아닙니다. '**마크업**Mark-up'이라는 단어는 원래 금융 분야에서 사용하던 용어입니다. 생산 가격과 판매 가격 사이에 '더해지는' 금액을 의미하죠. 예를 들어 빵 하나를 만드는 데 1,000원이 들었고, 이를 1,500원에 판매하면 500원의 추가 금액이 생기죠? 이를 마크업이라고 합니다.

컴퓨터 언어 얘기하다가 갑자기 가격 얘기를 하니 좀 이상한가요? 앞서 배운 대로 컴퓨터 세계에서 글자를 표현할 때는 0, 1로 약속했지요? 이렇게 형식 없고 무미건조한 단어에 여러 가지 양식을 '덧입혀주는(더해 주는)' 언어가 바로 마크업 언어입니다.

프로그래밍 언어가 컴퓨터가 할 '행동'을 정의한다면, 마크업 언어는 정보를 전달하기 위한 '틀'을 제공합니다. 우리 생활 가장 가까이에서 사용되는 마크업 언어에는 웹페이지의 글과 그림을 표현해 주는 HTMLHyper Text Markup Language이 있습니다. HTML5를 사용하면 다음과 같은 글을 인터넷 화면에 굵게 혹은 굵고 크게 나타낼 수 있습니다.

HTML5로 작성한 코드	인터넷 화면에 보이는 모습
\<b\>우리 홈페이지에 놀러 오세요.\</b\> (굵게)	우리 홈페이지에 놀러 오세요.
\<big\>\<b\>우리 홈페이지에 놀러 오세요.\</b\>\</big\>	**우리 홈페이지에 놀러 오세요.**

(굵고 크게)

다른 프로그래밍 언어와 코드 형태가 사뭇 다르죠? 이와 같이 HTML5는 웹페이지가 화면에 잘 나타나도록 만들어주는 일종의 레이아웃 구현 도구입니다.

설명이 조금 어려웠나요? 여러 언어 중에서 우리가 집중할 언어는 '프로그래밍 언어'이며, 그 중에서도 파이썬Python 언어로 코드를 살펴보겠습니다.

 궁금해요! 요즘에는 어떤 언어가 가장 인기 있나요?

어떤 프로그래밍 언어가 가장 많이 사용되는지 집계해 주는 국제기구는 아쉽게도 없습니다. 대신 '인터넷에서 얼마나 많이 검색되었는가?'를 기준으로 순위를 매겨 발표합니다. 이때 '얼마나 많이' 의 세부적인 조건과 어떤 검색엔진을 기준으로 하느냐에 따라서 결과가 달라지다 보니, 조사 기관 마다 서로 다른 결과를 나타내곤 합니다. 대표적인 두 기관을 소개합니다.

TIOBE 연도별 프로그래밍 언어 순위(www.tiobe.com/tiobe-index)

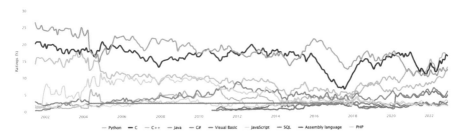

PYPL 연도별 프로그래밍 언어 순위(pypl.github.io)

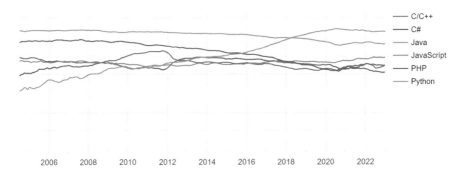

TIOBE는 구글, 유튜브 등 유명 검색 엔진에서 프로그래밍 언어가 검색된 횟수로 순위를 정합니다. 반면 PYPL은 프로그램 언어와 'tutorial'(학습)이라는 단어가 함께 검색된 결과로 순위로 정합니다. 따라서 TIOBE는 일반적인 프로그래밍 언어에 대한 관심도를 보여준다면, PYPL은 새로 배우려고 하는 프로그래밍 언어에 대한 관심도를 반영한 결과라고 해석할 수 있습니다. 두 경우 모두 의미는 조금 다르지만 프로그래밍 언어의 유명세를 보여주는 결과로 볼 수 있겠죠?

01-7

코딩 실습 준비하기
— 인터넷만 되면 바로 코딩 실습 가능!

코딩을 처음 배우는 많은 분들이 코딩을 실습하려고 준비하는 과정에서 한 차례 좌절합니다. 단순히 컴퓨터만 켠다고 바로 코딩을 할 수는 없기 때문이에요. 파이썬으로 코딩하려면 아래 단계를 거쳐야 비로소 코딩할 '준비'가 끝납니다.

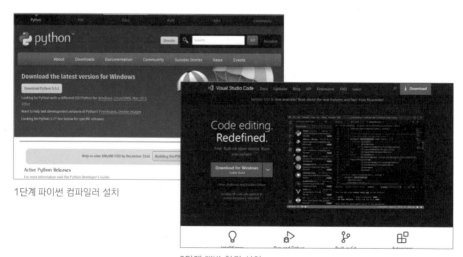

1단계 파이썬 컴파일러 설치

2단계 개발 환경 설치

보기만 해도 어려워 보이지요? 하지만 걱정 마세요. 이 책에서는 위와 같은 단계를 거치지 않아도 됩니다. 아래에서 설명하는 대로 웹페이지에 접속만 하면 준비가 끝납니다.

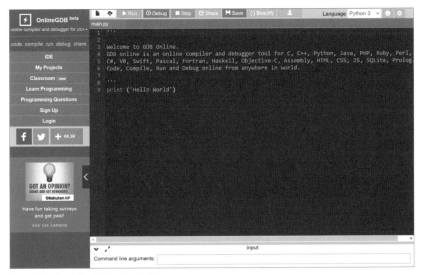

온라인 플랫폼 OnlineGDB 사이트 모습

1단계 코딩 실습할 수 있는 웹사이트에 접속하기

백문이 불여일견! 지금 바로 사이트에 들어가 보세요. 1분도 안 되어서 코딩할 준비를 마칠 수 있습니다. 다만, 구글 크롬Chrome 브라우저로 접속하는 것을 추천합니다. 구형 인터넷 브라우저에서는 정상적으로 작동하지 않는 경우가 있기 때문이에요.

▶ 동영상 강의

1. 아래 OnlineGDB 사이트에 접속한 후 [언어(Language)]를 [파이썬(Python 3)]
으로 선택하세요.

사이트 주소: onlinegdb.com

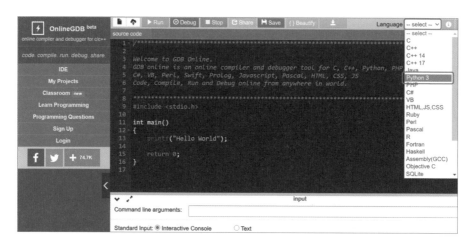

2. 영어로 된 복잡한 화면이 나타나죠? 일종의 인사말이라고 생각하면 됩니다.
모두 선택해 지우세요.

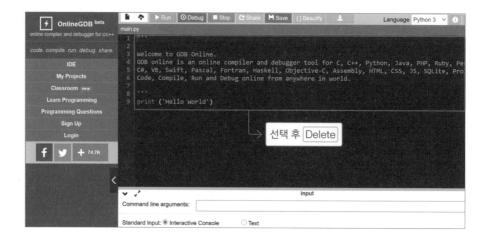

3. 깔끔한 빈 화면이 되었죠? 앞으로 이곳에서 자유롭게 코딩하면 됩니다!

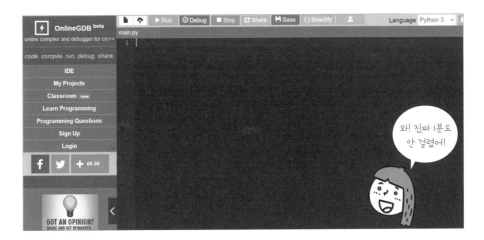

2단계 코딩 결과를 내 눈으로 확인하기

연습 삼아 직접 코딩해 볼까요?

1. 첫 줄에 아래와 같이 입력해 보세요.

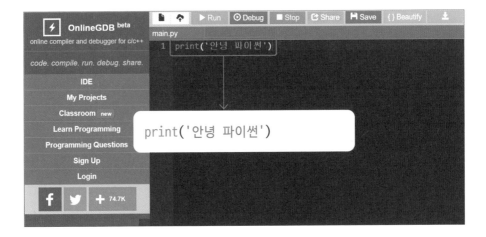

2. 위쪽 [Run(실행)] 버튼을 클릭해 보세요. 아래쪽에 **'안녕 파이썬'**이라는 글이 표시됩니다. 이처럼 윗부분은 코드를 입력하는 부분, 아랫부분은 결과를 보여주는 부분입니다.

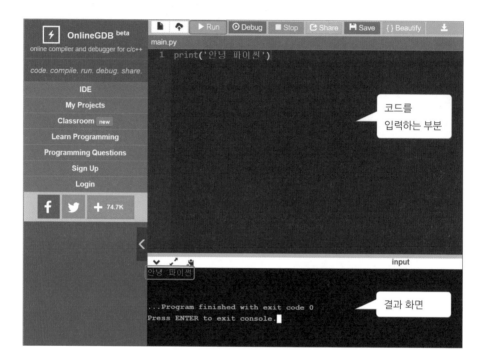

출력 명령어 print()

앞에서 연습 삼아 입력한 **print()**는 내가 입력한 말을 화면에 나타내는 명령어입니다. 예를 들어 '첫 코딩'이라는 말을 화면에 나타내고 싶다면, 출력하기라는 뜻을 가진 영어단어인 **print**를 입력한 후에 괄호( )를 입력하고 그 안에 작은따옴표(' ')를 포함한 **'첫 코딩'**을 적은 후 [Run]을 누르면 됩니다. 간단하지요?

```
print('첫 코딩')
```

이렇게 사용자가 입력한 내용을 컴퓨터 화면에 나타내는 것을 **출력**이라고 해요.

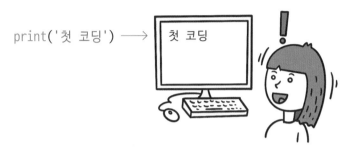

작은따옴표(' ') 대신 큰따옴표(" ")를 사용해도 됩니다.

파이썬의 파일 확장자 이름

파워포인트로 작업하면 ppt 또는 pptx 확장자로 파일이 저장되고, 엑셀로 작업하면 xls 또는 xlsx 확장자로 저장되듯이, 파이썬으로 코딩 작업을 하면 py라는 확장자로 파일이 저장됩니다. 우리는 온라인에서 작업하기 때문에 온라인 서버에 저장되지만, 파일의 실체가 있음을 잊지 마세요.

xlsx 파일   pptx 파일   py 파일

궁금해요! 다른 온라인 컴파일러는 없나요?

onlinegdb.com 외에도 repl.it 등 다양한 무료 온라인 컴파일러가 있습니다. 취향에 맞게 선택해서 코딩해 보세요. [실행] 명령은 대부분 [Run] 또는 [Execute]라고 표시된 버튼을 클릭하면 됩니다.

repl.it 사이트 화면

구글 Colaboratory 화면

코딩 실습 01   출력 명령어 사용하기

▶ 동영상 강의

문제 앞에서 배운 print() 문을 연습해 보겠습니다. 온라인 컴파일러에서 다음과 같이 입력해 보세요.

```
print('첫 코딩')
print("첫 코딩")
print("나의 '첫 코딩'입니다.")
```

결과 [Run]을 눌러 결과를 확인해 보세요. 다음과 같이 나타나면 성공입니다!

출력 결과

첫 코딩
첫 코딩
나의 '첫 코딩'입니다.

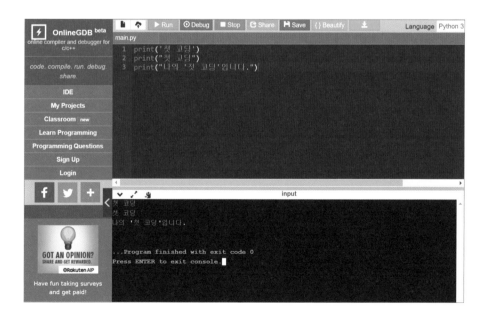

파이썬 프로그래밍 시작 전에
알아야 할 상식

이번에는 프로그래밍을 할 때 기본적으로 알아야 할 코딩 상식 몇 가지를 배워보 겠습니다.

점(.) 기호: ~의, ~안에

앞으로 코딩을 하다 보면 수많은 점(.)을 만나게 됩니다. 일상생활에서 '점(.)'은 마침표로 사용하지만, 코딩에서 '점(.)'은 어떤 단어의 상하관계를 표현하는 기호 입니다. 상하관계라고 하니 이해가 잘 안 되죠? 우리에게 익숙한 주소를 코딩의 '점(.)'으로 표현해 보겠습니다.

서울시 마포구 잔다리로 109

↓

서울시.마포구.잔다리로.109

서울시가 가장 큰 단위이고, 그 다음이 마포구, 그리고 잔다리로, 마지막으로 109번지라는 순서에 따라 상하관계가 표현되었습니다. 그래서 이 '점'을 '~의' 또는 '~안에'라고 읽으면 가장 가깝게 해석할 수 있습니다. 서울시'의' 마포구'의' 잔다리로'에 있는' 109번지처럼 말이죠.

한 가지 예를 더 들어볼게요. 보통 컴퓨터에서 사진이나 동영상을 정리할 때 아래처럼 폴더를 정리하죠?

이렇게 폴더를 만들어 정리하면, '크리스마스.mp4' 파일이 2020년에 찍은 것이고, 가족과 관련된 동영상이라는 것을 쉽게 알아볼 수 있습니다. '크리스마스.mp4' 파일이 저장된 폴더를 '점(.)'으로 표현하면 다음과 같습니다.

동영상.2020년.가족

이해하기 어렵지 않죠? 앞으로 무수히 많은 '점(.)'을 보게 될 텐데, '~의' 또는 '~안의'로 해석해 읽어보세요. 어떤 의미의 코드인지 훨씬 이해하기 쉬울 거예요.

콜론(:) 기호: 부연 설명 또는 범위

파이썬에서는 점(.) 표시와 함께 콜론(:) 기호도 자주 볼 수 있습니다. 콜론(:) 기호는 크게 2가지 의미로 사용됩니다.

첫째, 부연 설명이 필요한 경우입니다. 콜론(:)을 사용한 영어 문장을 보겠습니다.

```
The following are requested for swimming:
    - Wool sweaters for possible cold weather.
    - Wet suits for swimming.
    - Local Permission.

수영을 하기 위해 다음이 필요합니다:
    - 추운 날씨에 대비한 스웨터
    - 수영복
    - 수영을 위한 허가서
```

수영을 하기 위한 준비물을 설명하기 위해서 콜론(:)을 사용했고, 설명글은 몇 칸 들여쓰기로 표현된 것을 확인할 수 있습니다. 코딩에서도 어떤 문장 마지막에 콜론(:)이 사용되고, 다음 줄에 들여쓰기가 되어 있는 경우, 들여쓰기 후 작성된 내용은 들여쓰기 전 글을 부연 설명하는 글로 이해할 수 있습니다. 들여쓰기는 보통 4번의 Spacebar 또는 1번의 Tab 으로 나타냅니다.

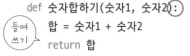

```
def 숫자합하기(숫자1, 숫자2):
    합 = 숫자1 + 숫자2
    return 합
```

부연 설명의 의미로 콜론(:)을 사용한 '숫자합하기' 함수 코드

둘째, 콜론(:)은 범위를 표현하는 '~' 대신 사용됩니다. 예를 들어 1부터 5까지를 표현할 때 우리는 1~5라고 표기하지만, 파이썬에서는 1:5라고 표현합니다.

숫자[1:5]

'=' 기호: 오른쪽 값을 왼쪽에 전달하라

우리에게 '같다'라는 의미로 익숙한 '=' 기호는 코딩에서 '같다'의 의미로 사용되지 않습니다. 대신에 '오른쪽의 값을 왼쪽으로 전달해 줘'라는 의미로 사용됩니다. 기호로 따지면 오히려 '←'에 더 가까운 의미입니다.

숫자1 = 190

한편, '같다'는 코딩에서 '=' 기호를 두 개 이어서 붙인 '=='으로 표현합니다.

10 - 9 == 1

10진법, 16진법

0, 1로만 숫자를 표기하는 방법을 2진법(또는 이진법)이라고 합니다. 말 그대로 2가지 수로만 표현하는 방법입니다. 그런데 2진법으로 비트를 표현하려고 하니 왠지 좀 길어 보입니다.

아스키(8비트)	
사람이 이해하는 문자	컴퓨터가 이해하는 숫자
A	01000001
B	01000010
…	…
k	01101011
l	01101100

그래서 2진법 대신에 16진법으로 표현할 때가 많습니다. 16진법? 조금 생소하실 것 같아 간단하게 진법에 관해서 설명하겠습니다.

우선 우리에게 익숙한 10진법(0~9)을 얘기해 보겠습니다. 너무나도 익숙한 셈 방법이지만, 왜 9 다음에 다시 0이 나올까요? 저를 포함한 대부분의 사람은 그렇게 배웠기 때문이라고 답할 것입니다.

상식을 깨버리고, 0부터 6까지 센 다음에 0이 나오면 안 될까요? 아니면 1부터 12까지 센 다음에 1이 나오면 안 될까요? 조금은 황

당한 질문일 수 있지만, 6 다음에 0이 나오고 12 다음에 1이 나오는 셈 방식은 생각보다 우리 가까이에 있습니다. 바로 요일 단위와 월 단위입니다. 같이 생각해 보겠습니다.

월, 화, 수, 목 … — 7진법
월, 화, 수, 목, 금, 토, 일 다음에 뭐가 나오죠? 다시 월요일이 나옵니다. 월요일이 0이고, 화요일이 1이라고 생각해 볼게요. 그럼 일요일이 6이 되겠네요. 일요일 다음에 다시 월요일이 오기 때문에 6 다음에 0이 나옵니다. 그렇다면 다음주 월요일은 10, 화요일은 11이라고 부를 수 있겠죠? 그리고 또 다른 일주일이 지나고 그 다음 화요일이 오면 21로 표현할 수 있습니다. 즉, 우리에게 익숙한 요일은 10진법이 아니라 7진법입니다.

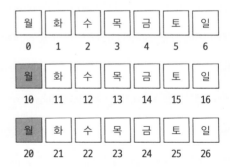

58

1월, 2월, 3월, 4월 … — 12진법

그럼 월 단위는 어떨까요? 1월부터 시작해서 12월이 지나면 1년이 지났다고 얘기하죠? 월 단위는 그래서 12진법입니다. 2000년 5월을 몇 번째 월로 표현하면 20005월이 아니라, 2000 x 12월 + 5월입니다.

즉, 10진법은 우리가 처음 숫자를 배울 때 10진법을 배웠기 때문에 익숙한 것이지 10진법만이 답은 아닙니다.

9 다음을 표현하는 알파벳 숫자

진법이라는 개념이 조금 가깝게 느껴지나요? 같은 방식으로 8진법은 0, 1, 2, 3, 4, 5, 6, 7 다음에 10이 됩니다.

| 0 | 1 | 2 | 3 | 4 | 5 | 6 | 7 | 10 |
8진법

그리고 16진법은 0, 1, 2, 3, 4, 5, 6, 7, 8, 9, 10, 11, 12, 13, 14, 15 다음에 10을 쓰면 됩니다. 그런데 16까지 가는 과정에서 이미 10이 나와버리니 혼동이 됩니다. 그래서 10 이상부터는 알파벳을 사용해서 0, 1, 2, 3, 4, 5, 6, 7, 8, 9, A(=10), B(=11), C(=12), D(=13), E(=14), F(=15)로 표기합니다.

16진법

16진법으로 표현하면 4비트를 한 글자로 줄일 수 있습니다. 그래서 8비트는 아래와 같이 두 글자로 줄어듭니다.

알파벳	2진수	16진수
k	01101011	6B
l	01101100	6C

이렇게 16진수로 자주 표현하다 보니, 비트를 표현할 때 숫자를 4자리씩 끊어서 많이 씁니다. 01101011 → 0110 (띄고) 1011, 이런 식으로요.

진법 간의 변환은 약간의 수학(산수) 지식이 필요하기 때문에 이 책에서 설명하지는 않겠습니다. 단지 3B, D8과 같은 글자가 보여도 어려워하지 말고, '컴퓨터의 기본 단위인 비트를 짧고 간단하게 표현하기 위해서 16진법으로 표현했구나'라고 이해하면 됩니다.

32비트 컴퓨터 vs 64비트 컴퓨터

여러분의 컴퓨터는 32비트 컴퓨터인가요? 64비트 컴퓨터인가요? 여기서 사용된 '비트'는 무엇을 의미할까요? 비트라는 말은 컴퓨터의 단위를 뜻할 뿐만 아니라, 컴퓨터의 저장공간과 처리능력을 표현할 때도 사용됩니다. 그럼 컴퓨터의 처리능력을 나타낼 때의 비트가 무엇인지 살펴보겠습니다.

컴퓨터의 능력을 표현하는 두 가지 방법
컴퓨터의 처리능력이라고 하면, 컴퓨터의 두뇌에 해당하는 중앙처리장치Central Process Unit, 즉 CPU의 처리 성능을 의미합니다. 중앙처리장치의 처리능력은 다음의 비유로 설명할 수 있습니다.

8비트(1바이트)의 화물을 실을 수 있는 화물차 10대를 서울에서 부산까지 보내야 하는 경우를 상상해 보겠습니다. 화물차를 빨리 보내는 방법은 크게 두 가지가 있습니다. 첫 번째는 차도가 넓은 고속도로를 이용해서 한꺼번에 여러 대의 화물차를 동시에 보내는 방법이고, 두 번째는 고성능 화물차를 사용해서 빠른 속도로 화물을 보내는 방법입니다.

자료의 크기를 표현하는 단위: 비트
먼저 한 번에 처리할 수 있는 양을 늘리는 방법을 알아보겠습니다. '몇 비트 컴퓨터다'라고 말할 때는 아래 그림처럼 한 번에 몇 비트Bit를 전송할 수 있는가를 나타냅니다. 예를 들어, 'KOREA!'라는 단어가 아스키를 사용하는 환경에서 이동 중이라고 상상해 보겠습니다.

4차선 도로 = 4바이트 = 32비트

8차선 도로 = 8바이트 = 64비트

'KOREA!'는 5개의 영문자와 1개의 특수문자로 구성된 총 6개의 문자로 이루어져 있습니다. 아스키 코드를 사용하기 때문에 각각의 글자는 8비트(1바이트)로 변환이 되었을 것입니다. 32비트 컴퓨터의 경우 8비트 글자를 한 번에 4개(32 = 8 × 4) 이동시킬 수 있습니다. 즉 'KORE'를 먼저 보내고, 다음으로 'A!'를 보낼 것입니다.

그럼 64비트 컴퓨터는 어떨까요? 64비트 컴퓨터는 8비트 글자를 한 번에 8개(64 = 8 × 8)까지 이동시킬 수 있습니다. 그래서 32비트 컴퓨터처럼 나눠서 전달하지 않고 한 번에 'KOREA!'라는 글자를 보낼 수 있습니다. 중앙처리장치의 OO비트가 의미하는 것이 무엇인지 이해가 되나요?

컴퓨터의 빠름을 표현하는 단위: Hz(헤르츠)
두 번째 방법은 화물차의 배송 속도를 빠르게 하는 방법입니다. 화물차가 빠르면 빠를수록 각 단어의 전달 시간이 단축되겠죠?

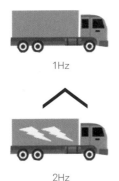

1Hz

2Hz

OOHz의 Hz는 1초에 정보 전달을 위해 왔다갔다하는 중앙처리장치의 진동수를 의미합니다. 조금 어렵나요? 그냥 단순하게 진동을 1회 할 때마다 비트 정보가 전달된다고 이해하면 됩니다. 즉 Hz의 값이 클수록 1초에 더 많은 비트 정보가 전달된다고 보면 됩니다. 차로 비교하자면 바퀴가 더 빨리 돌아가서 차가 더 빨리 이동하는 것과 같습니다.

그래서 어떤 컴퓨터가 더 능력 있나요?
컴퓨터의 성능은
- 중앙처리장치가 1회에 처리하는 비트 수를 높일수록
- 처리 속도를 높일수록 점점 더 좋아집니다.

하지만 고속도로의 차선을 늘리는 것이 고성능 자동차를 개발하는 것보다 더 많은 투자와 더 오랜 시간이 필요한 것처럼, 중앙처리장치도 계산 속도가 발전하는 속도에 비해 1회 처리량을 늘리는 속도는 상대적으로 더디었습니다. 1980년 말에 16비트, 8MHz 수준이었던 중앙처리장치가 현재는 64비트, 2GHz(약 2,000MHz) 이상의 수준으로 발전한 것이 이러한 현상을 잘 말해 줍니다.

02

컴퓨터는 어떻게
기억하고 행동할까?

어떤 일을 하려면 많든 적든 '기억'을 해야 합니다.

짐을 옮기는 단순한 행동이라 할지라도, 짐의 모양새를 '기억'해야 하죠.

마찬가지로 컴퓨터도 일을 하려면 '기억'이 필요합니다.

이번 장에서는 컴퓨터에 무엇인가를 기억시키고 싶을 때 어떻게 명령을 하고,

컴퓨터는 어떻게 기억을 하는지 알아봅니다.

그리고 컴퓨터에 무엇인가 명령할 때 어떤 방법으로 하는지도 알아봅니다.

02-1

사람과 코딩의 공통점
— 변수, 함수

컴퓨터에게 기억시키고 행동하게 하는 '코딩'을 시작해 보겠습니다. 코딩의 원리를 이해하려면 '사람'을 생각하면 됩니다. 코딩과 사람, 연관이 없어 보이나요? 흥미롭게도 코딩은 사람의 특징과 많이 닮았습니다. 아마도 사람이 만든 창조물이라서 그렇겠죠? 아래 그림을 같이 보면서 무엇이 닮았는지 살펴보겠습니다.

무언가를 가지고 있어요!   어떤 행동을 할 수 있어요!

사람은 옷, 밥, 장난감, 애완동물 등 무엇인가를 가질 수 있습니다. 또한 사람은 축구, 야구, 줄넘기, 테니스 등 어떤 행동을 할 수 있습니다. 단순히 고양이를 가지고 있을 수도 있지만, 테니스라는 '행동'을 하기 위해선 테니스 라켓과 테니스 공을 가지고 있어야 합니다.

코딩에서도 마찬가지입니다. 무엇인가 가질 수 있고, 행동할 수 있습니다. 사람이 가지는 '물건'을 코딩에서는 **변수**Variable라고 부르고, 사람의 '행동'은 코딩에서 **함수**Function라고 부릅니다.

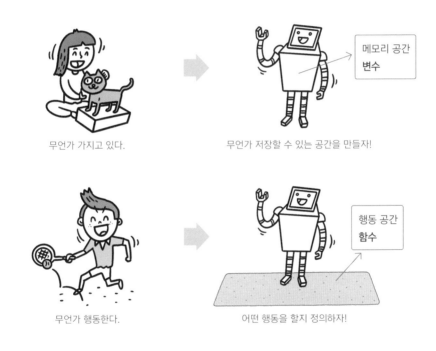

무언가 가지고 있다.

메모리 공간
변수

무언가 저장할 수 있는 공간을 만들자!

무언가 행동한다.

행동 공간
함수

어떤 행동을 할지 정의하자!

이제 변수와 함수에 대해서 하나씩 알아보겠습니다.

02-2

컴퓨터가 기억을 담는 3가지 공간
— 메모리

변수를 이해하기 전에, 컴퓨터의 저장공간을 살펴보겠습니다. 컴퓨터의 저장공간은 '기억 공간'이라고 말할 수도 있습니다. 컴퓨터는 사람처럼 실제로 물건을 가지는 게 아니라, 정보를 기억해 저장하기 때문입니다.

친구 중에 기억을 잘하는 친구가 있지 않나요? 오래전 일을 잘 기억하는 친구도 있고, 벼락치기 식으로 단기 기억을 잘하는 친구도 있습니다. 기억에도 종류가 있는 것이죠. 컴퓨터도 비슷합니다.

컴퓨터의 기억을 담당하는 장치는 **메모리**Memory인데, 기억의 종류에 따라 메모리의 종류도 여러 가지입니다. 각 메모리의 쓰임새도 서로 다르죠. 메모리의 종류에는 어떤 것들이 있고, 어떨 때 쓰일까요? 우선 메모리의 단어 뜻부터 알아보겠습니다.

메모리의 뜻은 '기억능력'입니다. 지금부터 컴퓨터의 '기억능력'을 여러분이 책상에서 공부하는 상황에 빗대어 설명해 보겠습니다.

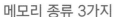

mem·ory

1. 기억(력)
2. 기억(하는 시간적 범위)
3. (과거의 일에 대해 생각나는) 기억[추억/회상]

메모리 종류 3가지

여러분의 책상을 살펴보세요. 공부를 하려면 책, 연필, 노트 등을 책상 위에 올려놓아야 하죠? 만약 공부할 과목이 많으면 책상이 갈수록 더 복잡해질 것입니다. 책을 너무 많이 꺼내서 더 이상 책을 펼쳐놓을 자리가 없다면 어떤 책은 책장에 다시 꽂을 겁니다. 그런데 만약 책장에 책이 꽉 차서 꽂을 공간이 부족하면 어떻게 하나요? 책장을 더 사거나, 보지 않는 책을 버려야 합니다.

사람의 머리, 책상, 책장, 이 3곳은 컴퓨터의 3가지 메모리와 비슷합니다.

① 저장 메모리

우선 책장같이 '보관'의 기능을 하는 메모리를 '저
장 메모리Storage Memory'라고 합니다. 이 저장 메모
리는 여러분이 음악을 저장하고, 프로그램을 설치
하는 저장공간을 의미합니다.

실제 저장 메모리 모습

② 램 메모리

책상 위와 같은 작업공간은 램RAM, Random Access Memory이라고 합니다. 한마디로
작업을 하는 동안 '임시로' 사용되는 공간입니다. 프로그램을 실행하면 저장 메모
리에 있던 프로그램이 램으로 옮겨져 작업이 가능한 상태가 되는데, 마치 책장에
꽂혀 있던 책을 꺼내 책상 위에 올려놓고 펼쳐서 보는 것과 같은 원리입니다. 책

상 위의 책을 다 본 다음 책장에 다시 꽂으면 책
상이 도로 깨끗해지는 것과 마찬가지로, 실행
중인 프로그램을 종료하면 램에서 그 내용이 싹
사라지기 때문에 램을 '임의 접근 메모리'라고
도 합니다.

실제 램 모습

③ 캐시 메모리

마지막은 실제로 계산 또는 판단을 하는 찰나의 순간에 필요한 머릿속 메모리입
니다. 예를 들어 2+4라는 계산을 하려면, 적어도 내가 지금 계산하려는 것이 2와
4를 더하는 작업이라는 것을 기억하고 있어야 합니다. 이처럼 계산의 순간에 필
요한 기억을 저장하는 메모리를 **캐시 메모리**Cache Memory라고 부릅니다.

계산공간
= Cache Memory
= 캐시 메모리

작업공간
= RAM Memory
= 램 메모리

저장공간
= Storage Memory
= 저장 메모리

단순한 것이 좋지만 돈이 문제예요

그런데 왜 이렇게 메모리를 나눠놓았을까요?

그냥 캐시 메모리를 엄청나게 키워서, 읽는 족족 모든 것을 기억할 수 있도록 하면 안 될까요? 정답은 '그렇게 할 수 있지만, 실용적이지 않다'입니다. 왜냐하면 저장공간(책장) → 작업공간(책상) → 계산공간(머릿속)으로 갈수록 더 빠르고 실수를 안 하는 값비싼 메모리를 사용하기 때문입니다. 책상을 엄청나게 큰 걸 사서 책장 없이 이 책, 저 책 책상 위에 펼쳐놓으면 편하겠지만, 그러자면 그 큰 책상이 들어갈 수 있는 엄청 큰 집을 사야겠죠? 컴퓨터도 마찬가지입니다. 메모리를 크게 키우려면 비용이 많이 들어요.

실제 메모리 사양

좀 더 현실적이고 실용적으로 이해하기 위해, 실제 판매 중인 컴퓨터 2대의 메모리 종류와 가격을 비교해 보겠습니다. 다음 표에서 '메인 메모리'가 램 메모리입니다.

컴퓨터 사양을 말할 때 보통 '메모리'라고 얘기하는 것이 바로 램 메모리라고 이해하면 됩니다(RAM이라는 말에 메모리라는 단어가 포함되어 있지만, 흔히 램 메모리라고 부릅니다).

A 컴퓨터

프로세서

CPU	8세대 인텔® 코어™ i3 프로세서
CPU 클럭	2.2GHz
터보부스트	최대 3.4GHz
인텔 스마트캐시	4MB Cache

메인 메모리

메모리 용량	8GB
메모리 종류	DDR4 2400MHz(4GB×2)

저장장치

SSD	128GB(M.2, 2280) + 확장 슬롯
ODD	외장형 ODD별매(내장형 ODD 없음)

B 컴퓨터

프로세서

CPU	8세대 인텔® 코어™ i7 프로세서
CPU 클럭	1.8GHz
터보부스트	최대 4.0GHz
인텔 스마트캐시	8MB Cache

메인 메모리

메모리 용량	8GB
메모리 종류	DDR4 2400MHz(4GB×2)

저장장치

SSD	512GB(M.2, 2280) + 확장 슬롯
ODD	외장형 ODD별매(내장형 ODD 없음)

메모리의 크기(용량)가 종류별로 다르네요. 저장 메모리인 SSD의 크기는 128GB, 512GB입니다. 캐시 메모리는 어때요? 저장 메모리는 몇 GB인데, 캐시는 겨우 4MB, 8MB밖에 안 되네요. 그리고 램 메모리(메인 메모리)도 8GB로 저장 메모리에 비해서는 많이 작습니다. 가격이 비싼 메모리일수록 적은 용량만 사용하는 것을 확인할 수 있습니다.

이번엔 프로세서(중앙처리장치, CPU)의 가격을 살펴볼게요. A, B 컴퓨터 중에 어느 CPU가 더 비쌀까요? 정답은 오른쪽 B 컴퓨터입니다. CPU의 속도(CPU 클럭)를 보면 왼쪽 2.2GHz, 오른쪽 1.8GHz로 왼쪽 A 컴퓨터가 더 빠릅니다(속도 단위 Hz에 대한 설명은 61쪽 참조). 하지만 가격은 캐시 메모리 용량으로 결정됩니다. 그래서 캐시의 크기가 더 큰 B 컴퓨터의 CPU가 더 비쌉니다.

(컴퓨터 사양을 이해하는 게 이렇게 어렵다 보니, 중앙처리장치를 판매하는 인텔^{Intel}이라는 회사에서는 간단하게 i3, i5, i7과 같이 더 좋은 중앙처리장치에 더 큰 숫자를 붙여 단순명료하게 구분합니다.)

무한정으로 기억할 것 같은 컴퓨터의 '기억력'도 경제성 때문에 제한된다는 것이 이제 이해되나요? 이렇게 경제성이 걸려 있기 때문에 소프트웨어 전문가들이 프로그램을 평가할 때에도 비슷한 내용이면 메모리를 얼마나 효율적으로 사용하는지를 살펴봅니다. 메모리를 효율적으로 사용하도록 프로그램을 만드는 것이 프로그래머에게 필요한 중요한 자질인 것이죠.

 궁금해요! 기가바이트(GB), 메가바이트(MB), 킬로바이트(KB) 중 뭐가 가장 큰가요?

기가바이트, 메가바이트, 킬로바이트는 메모리 용량을 나타내는 단위입니다. 바이트 앞에 붙은 두 글자는 수학적인 의미를 품고 있습니다. 킬로^{Kilo}는 1,000(천), 메가^{Mega}는 1,000,000(백만), 기가^{Giga}는 1,000,000,000(10억)을 의미합니다. 간단히 말해 '킬로바이트 < 메가바이트 < 기가바이트' 순으로 큰 단위입니다. 단위를 변환하면 다음과 같습니다.

> 1기가바이트(GB) = 1,024메가바이트(MB) = 1,048,576킬로바이트(KB)

Q1   메모리의 종류는 크게 3가지로 나눌 수 있습니다. 각각의 기능에 맞는 메모리 이름을 아래 빈칸에 채워보세요.

계산공간
= Cache Memory
=

작업공간
= RAM Memory
=

저장공간
= Storage Memory
=

Q2   아래 표는 현재 판매되고 있는 노트북의 사양입니다. 3가지 메모리의 크기를 찾아 동그라미로 표시해 보세요.

모델명	X560UD-BQ014
색상	블랙+라이트닝블루
프로세서	인텔® 코어TM i5-8250U 1.6GHz (6MB 캐시, 최대 3.4GHz)
운영체제	Windows 10
메모리	DRAM DDR4 8GB
저장장치	256GB SSD
디스플레이	15.6인치(1920 x1080)

정답 361, 362쪽

02-3

변수 ①
그릇을 닮은 변수의 종류

'변수' 하면, 아마도 '다음 방정식에서 변수 x의 값을 구하시오'라는 수학 문제 속 '변수'가 가장 먼저 떠오를 것입니다. 그러다 보니 막연히 어려워 보일 수 있습니다. 하지만 코딩에서 말하는 변수는 단순합니다. 한마디로 표현하면 '다양한 값을 저장할 수 있는 공간'입니다. 변수의 영어단어 Variable(변수를 줄여서 var라고도 합니다)의 뜻을 먼저 보겠습니다.

variable

1. 변동이 심한; 가변적인
2. 변화를 줄[변경할] 수 있는
3. 변수

변수는 다양한 값을 넣을 수 있는 공간이구나!

컴퓨터의 기억 단위가 다양한 이유

왜 저장공간 이름을 다양한 값^{Variable}이라고 했을까요? 공간을 의미하니, 스페이스^{Space}라고 할 수도 있지 않았을까요? '변수'라는 개념이 등장한 배경을 살펴보면 답을 찾을 수 있습니다.

앞서 컴퓨터의 메모리 공간은 제한적이라고 말했습니다. 그래도 지금은 형편이 많이 나은 편입니다. 기본 단위가 메가바이트(MB), 기가바이트(GB)니까요. 하지만 30년 전에는 몇 킬로바이트(KB)만 해도 큰 메모리 공간이었습니다. 아스키로 1바이트가 영문 한 글자를 저장할 수 있는 크기라고 했지요? 1킬로바이트면 약 천 바이트이기 때문에 약 천 글자를 저장할 수 있는 공간입니다. 만약 컴퓨터 CPU의 캐시 메모리가 1킬로바이트라면 계산할 때 최대 천 글자(단어가 아닙니다. 글자입니다)만 CPU 머릿속에서 생각해야 합니다. 좀 작아 보이지 않나요?

이렇게 좁은 공간에서 프로그램이 정상적으로 작동하기 위해서는 프로그램에 필요한 '무엇'을 보관할 수 있도록 메모리 속에 공간을 찜해 놓아야 합니다. 비좁은 공간을 알뜰살뜰 사용하려면, 찜을 하는 공간을 아무렇게나 정하면 안 되겠죠? 그래서 필요한 크기에 맞춰 찜을 하는 메모리 공간을 몇 가지로 구분하게 되었는데, 바로 이때 변수라는 개념이 등장했습니다.

변수의 종류

식탁에 상을 차린다고 가정해 볼게요. 여러 가지 음식을 각기 적절한 그릇에 담아야 식탁을 가장 효율적으로 사용할 수 있습니다. 만약 물을 냉면그릇에 담아 준다면 어떨까요? 밥을 물컵에 담아 준다면요? 물을 냉면그릇에 담으면 쓸데없이 식탁 공간만 차지하게 되고, 밥을 물컵에 담으면 원하는 만큼 밥을 담을 수 없습니다.

램 메모리와 변수도 마찬가지입니다. 식탁은 램 메모리, 그릇은 변수와 같아요. 물은 물컵에, 밥은 밥그릇에 담아야 하듯이, 문자는 문자형 그릇에, 정수는 정수형 그릇에 담아야 합니다.

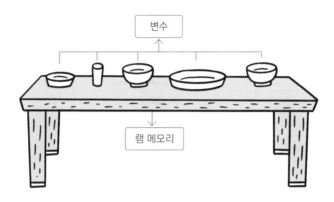

그럼 문자, 정수, 실수를 담는 그릇이 어떻게 생겼는지, 크기는 어떤지 살펴보겠습니다.

(자바, C언어 등 다른 프로그래밍 언어와 달리 파이썬은 담기는 값에 따라 메모리 그릇의 크기가 달라집니다. 따라서 이 부분만큼은 파이썬이 아닌 다른 일반적인 프로그래밍 언어를 기준으로 메모리 그릇의 크기를 설명하겠습니다.)

① '정수형' 메모리 그릇

정수란, +12, -30과 같이 +, - 값인 숫자 중에서 소수점 숫자가 없는 값을 의미합니다. 정수형 자료는 보통 32비트 크기의 메모리 그릇에 담아서 사용합니다. 참고로 컴퓨터는 0 또는 1밖에 모르기 때문에 숫자 27은 실제로 이진수 **11011**로 저장됩니다.

27
32비트
(4바이트)

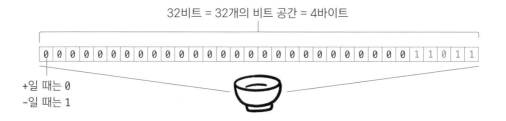

32비트 = 32개의 비트 공간 = 4바이트

| 0 0 0 0 0 0 0 0 0 0 0 0 0 0 0 0 0 0 0 0 0 0 0 0 0 0 0 1 1 0 1 1 |

+일 때는 0
-일 때는 1

② '실수형' 메모리 그릇

실수란, 정수에 소수점을 가지고 있는 숫자를 말합니다. 얼핏 정수형과 비슷한 것 같지만 저장하는 방식이 많이 다릅니다. 지수 숫자와 유효숫자를 모두 저장해야 하기 때문이에요.

-34.72
64비트
(8바이트)

$$-34.72$$

$$- \qquad 3472 \qquad \div 10^2 \leftarrow 지수\ 숫자$$

+, - 부호   유효숫자

실수형 자료일 때는 위와 같이 정보를 세 부분으로 나누어 저장합니다. +, -를 구분하는 부분, 소수점을 제외한 **'유효숫자'** 부분, 소수점 정보를 저장하는 **'지수 숫자'** 부분, 이렇게요. 그래서 일반적으로 일반 정수형보다 실수형 그릇의 공간이 더 필요합니다. 보통 64비트(8바이트)가 많이 사용됩니다.

③ '참/거짓형' 메모리 그릇

0 또는 1만 저장하는 참/거짓형 메모리 그릇도 있습니다. 0 또는 1만 보관하기 때문에 1비트의 공간만 필요하고, 컴퓨터는 이 메모리 그릇에 담긴 값이 0이면 거짓False, 1이면 참True으로 이해합니다.

0   거짓   False   1   참   True

④ '문자열' 메모리 그릇

문자와 관련된 메모리 그릇에는 두 종류가 있습니다. 글자 하나를 담는 문자형 Character 또는 char과 나열된 문자를 담는 문자열String 또는 str입니다. 프로그래밍 언어마다 문자형만 있는 경우도 있고 문자열만 있는 경우도 있는데, **파이썬에는 문자열만 있습니다.** 문자열을 이해하기 위해 먼저 문자 하나(문자형)가 어떻게 저장되는지부터 살펴보겠습니다.

'문자형'인 글자 하나를 저장하려면 16비트의 공간이 필요합니다. 글자 하나(예를 들어 '가')는 16비트의 유니코드 숫자(10101100 00000000)로 약속되었기 때문이에요.

'가'
16비트
(2바이트)

16비트(2바이트) 크기

| 1 | 0 | 1 | 0 | 1 | 1 | 0 | 0 | 0 | 0 | 0 | 0 | 0 | 0 | 0 | 0 |

그럼 '**안녕하세요**'와 같이 글자가 여러 개인 문자열은 어떻게 저장될까요? 아래와 같이 한 글자, 한 글자를 문자형 그릇에 담고 이어서 저장합니다.

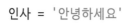

인사 = '안녕하세요'

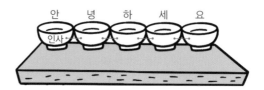

생각보다 간단하죠? 이렇게 문자가 여러 개 연결되어 이어진 문자열은 죽 이어진 끈과 비슷하다고 해서 string이라고 합니다. 줄임말로는 str이라고 합니다.

문자열이 이렇게 문자 하나하나를 한땀 한땀 연결하는 형태이다 보니, 우리에겐 의미 없는 빈칸에도 다음과 같이 메모리 그릇 하나가 필요합니다.

인사 = '안녕 하세요'

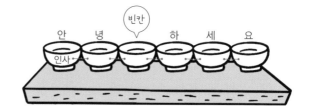

또한 문자열 자료를 입력할 때는 여러 메모리 그릇을 이어서 붙인다는 의미로 반드시 작은따옴표(' ') 또는 큰따옴표(" ")로 묶어줘야 합니다.

02-4

변수 ②
변수 선언하기

그릇을 준비했으니 이제 공간을 찜해야겠죠? 변수로 공간을 찜하는 행위를 '변수를 선언한다'라고 말합니다. 메모리 공간인 램 메모리에 변수를 선언한 모습을 그림으로 표현하면 아래와 같습니다.

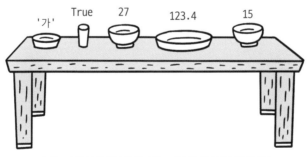

담기는 값에 맞춰 적절한 메모리 그릇으로 변수를 선언한 모습

기본구조 이해하기

파이썬 코드에서는 변수를 어떻게 선언할까요? 아래와 같이 변수의 이름을 쓴 다음, = 뒤에 변수에 입력할 값을 적으면 됩니다.

이렇게 변수를 선언하면 '나이'라는 메모리 그릇 안에 15라는 값이 담깁니다. 앞에서 '=' 기호는 '같다'의 의미가 아니라 '←'라고 했었죠? 앞에서도 말했듯이 파이썬은 변수 이름과 값을 선언하면, 입력한 값에 따라 정수형, 실수형, 문자형 중에서 적절한 그릇을 찾아 값을 담습니다. 참 똑똑하죠?

과정별로 이해하기

그럼 실제로 변수가 어떻게 만들어지고, 값이 어떻게 들어가는지 살펴보겠습니다. 먼저 변수가 선언되기 전에 메모리 공간은 비어 있습니다. (실제로는 여러 다른 프로그램이 실행되고 있기 때문에 완전히 비어 있지는 않습니다.)

'**호칭**'이라는 이름으로 문자형 그릇을 만들고, 그 안에 '**나**'라는 단어를 저장해 보겠습니다.

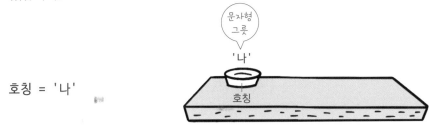

호칭 = '나'

이어서 '**나이**'라는 이름의 정수형 그릇을 만들고, 그 안에 15라는 값을 저장해 보겠습니다.

호칭 = '나'
나이 = 15

저장된 값을 변경해 볼까요? 나이를 20으로 변경해 보겠습니다.

호칭 = '나'
나이 = 15
나이 = 20

간단하죠? 이렇게 이름을 호출하면 메모리 그릇의 값을 쉽게 변경할 수 있습니다.

변수끼리 값 전달하기

변수 선언에서 한 발 더 나아가 볼까요? 오른쪽 코
드에서 메모리 그릇은 어떻게 변화할까요?
한 줄 한 줄 차근차근 살펴보겠습니다. 먼저 '사
과'라는 메모리 그릇에 5라는 값을 저장했습니다.

사과 = 5
바나나 = 사과
사과 = 9

사과 = 5

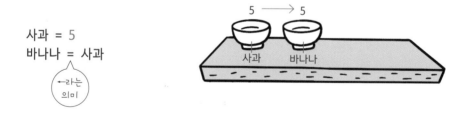

다음 줄은 어떻게 읽으면 좋을까요? =는 오른쪽에 있는 값을 왼쪽에 '대입한다'
라고 했었죠? 즉, '사과' 메모리 그릇에 담겨 있는 5라는 값이 '바나나' 메모리 그
릇으로 '복사'됩니다.

사과 = 5
바나나 = 사과
←라는
의미

이때 생긴 '바나나'라는 변수는 '사과'와 연결된 변수가 아닙니다! 단순히 복사되
었을 뿐, 독립된 메모리 그릇이에요. 그래서 마지막 줄까지 입력하면 '사과'의 값
은 9로 변하지만 '바나나'의 값은 변경되지 않습니다.

```
사과 = 5
바나나 = 사과
사과 = 9
```

 궁금해요! **변수 이름은 아무렇게나 만들어도 되나요?**

변수 이름은 대체로 자유롭게 지어도 되지만 몇 가지 제한이 있습니다. 다음 규칙을 따르지 않으면 오류가 발생하니 주의하세요!

① 변수 이름에 빈칸을 넣어서는 안 됩니다. 빈 칸 대신 밑줄을 넣는 것을 추천해요.

```
친구의 나이 = 20    ×
친구의나이 = 20     ○
친구의_나이 = 20    ○
```

② 첫 글자는 숫자로 시작하면 안 됩니다. 코딩의 수학 연산에서 혼동이 있을 수 있기 때문이에요.

```
3학년학생 = '정하은'    ×
삼학년학생 = '정하은'    ○
```

③ 파이썬은 소문자와 대문자를 구분합니다. 따라서 아래 두 변수는 각기 다른 변수로 생성되고 메모리 그릇도 다릅니다.

```
Bread = 10
bread = 3
```

④ 프로그래밍 언어의 문법에서 사용되는 키워드는 변수 이름으로 사용할 수 없습니다. 대표적인 키워드로는 `def`, `if`, `else`, `for`, `while` 등이 있습니다.

코딩 실습 02   메모리 그릇 크기 이해하기

▶ 동영상 강의

문제 앞에서 배운 내용을 생각하며 정수형 메모리 그릇과 문자열 메모리 그릇을 만들어 값을
담고 print()로 출력해 보세요!

```
파인애플 = 5
print(파인애플)

복숭아 = '맛있어'
print(복숭아)

키위 = 10
print(키위)

파인애플 = 15
print(파인애플)
```

> 문자열 자료는
> 따옴표 안에 넣어요!

결과 코드를 입력하고 위쪽 [Run] 버튼을 누르면 아래쪽에 결과 화면이 나타납니다.

출력 결과
5
맛있어
10
15

손으로 푸는
코딩 문제 04   메모리 그릇 크기 이해하기

Q [코딩실습 02]의 코드를 한 줄 한 줄 입력할 때 메모리 공간에 메모리 그릇이 어떻게 생기고, 변경되고, 대체되는지 그림으로 표현해 보세요.

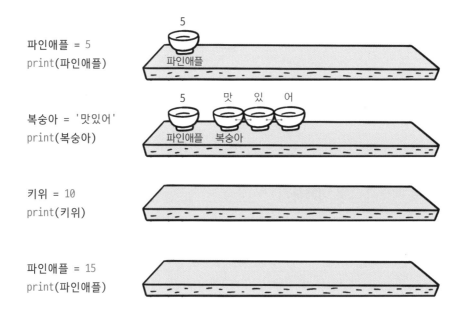

```
파인애플 = 5
print(파인애플)
```

```
복숭아 = '맛있어'
print(복숭아)
```

```
키위 = 10
print(키위)
```

```
파인애플 = 15
print(파인애플)
```

정답 362쪽

02-5

변수 ③
크기가 자유자재! — 문자열

문자열 메모리 그릇 이해하기

문자형 그릇을 이어 붙여서 저장하는 문자열! 조금 더 알아볼까요?

우선 변수에 저장한 글자 수가 달라지면 연결된 그릇의 개수도 달라집니다. 예를 들어 아래와 같이 '**인사**' 변수에 문자열 '**안녕하세요**'를 담았을 때는 그릇 5개가 이어지지만, 문자열 '**안녕**'으로 변경하면 그릇이 2개로 바뀝니다.

인사 = '안녕하세요'

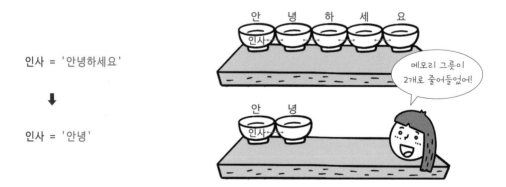

인사 = '안녕'

문자 하나하나 따로 부르기 — 인덱스, 인덱싱

문자열 중 글자 하나만 툭 떼어내서 사용할 순 없을까요? 가능합니다! 문자열 자료를 만들면 첫 번째 글자부터 순번이 붙어서 그 번호로 불러올 수 있습니다. 이때 첫 번째 글자의 순번은 **1번이 아니라 0번**으로 약속합니다. 0, 1, 2, 3 순으로 지정되죠. 따라서 '**안녕하세요**' 문자열 자료에는 다음과 같이 순번이 매겨집니다.

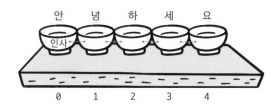

이렇게 매긴 순번을 이용해 특정 문자만 뽑아서 사용할 수 있습니다. 변수 이름을 입력하고 대괄호 [ ] 안에 순번을 적으면 됩니다.

예를 들어 아래와 같이 적으면 세 번째 글자인 '**하**'만 사용할 수 있습니다. 이러한 숫자를 메모리 그릇의 '색인'이라는 의미에서 **인덱스**index라고 부릅니다.

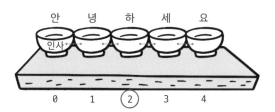

그리고 이렇게 하나의 문자만 떼어내 부르는 행위를 **인덱싱**indexing이라고 합니다.

인덱스 뒤로 감기

파이썬에서는 인덱스를 뒤로 감는 것도 가능합니다. 뒤로 감는다는 표현이 어색한가요? 한번 마지막 글자인 '요'를 인덱싱해 보겠습니다.

인사[4]

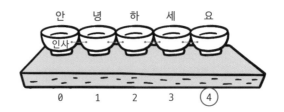

이제 뒤로 감기를 해볼까요? 아래와 같이 마이너스(-) 값을 입력해 인덱스를 뒤로 감아도 됩니다.

인사[-1]

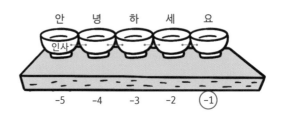

잘라내기 — 슬라이싱

범위를 지정해 여러 개의 연속된 글자를 떼어내 사용할 수도 있습니다. 변수 이름을 입력하고 대괄호 [ ] 안에 범위를 시작하는 순번:끝나는 순번을 적으면 됩니다. 예를 들어 '안녕하세요'라는 문자에서 '하세'라는 두 글자만 부르기 위해서는 아래와 같이 표현합니다.

변수 이름

시작 순번:끝 순번

인사[2:4]

이때 [2:4]라는 표현은 "2번째 메모리 그릇부터, 4번째 '전' 메모리 그릇까지 '잘라서' 가져오세요"라는 의미입니다. 그림으로 표현하면 아래와 같습니다.

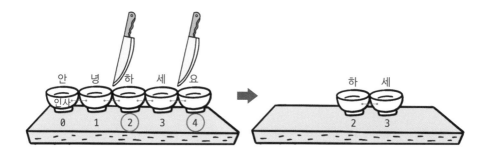

이렇게 메모리 그릇이 연결된 형태의 변수는 글자 단위로 자를 수 있습니다. 이렇게 자르는 것을 **슬라이싱**^{Slicing}이라고 합니다.

slice
1. (음식을 얇게 썬) 조각
2. 부분, 몫
3. (얇게) 썰다[자르다/저미다]

89

인덱싱, 슬라이싱은 모든 자료에서 가능한 건 아닙니다. 하나의 메모리 그릇만 사용하는 정수형, 실수형 자료는 이렇게 잘라서 불러올 수 없습니다. 예를 들어서 '학생수'라는 정수형 변수에서 세 번째 숫자인 4를 불러오기 위해서 아래와 같이 입력하면 오류가 발생합니다. 정수형 자료는 연결된 그릇이 아닌 하나의 메모리 그릇에 담기기 때문이에요.

문자열 반복하기 — 곱하기 연산자

파이썬에서 문자형 변수는 곱하기 연산자(*)로 반복할 수 있습니다.

실행하면 다음과 같이 문자열이 3번 반복한 결과가 나타납니다.

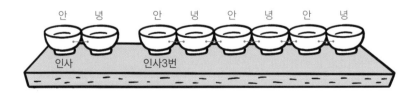

궁금해요! 숫자를 문자열로 저장해도 되나요?

아래와 같은 코드를 생각해 보겠습니다.

> **숫자1** = '2051' ↗ 문자열
> **숫자2** = 1900 ↗ 정수형
>
> **숫자3** = **숫자1** + **숫자2**

이 코드를 실행하면 '**숫자3**' 변수에 3951이라는 값이 저장될까요? 정답은 '그렇지 않다'입니다. 오히려 오류가 발생합니다. '**숫자1**'에 담긴 '2051'은 문자열이지만 '**숫자2**'에 담긴 1900은 정수형 자료이기 때문이에요!

'2051'이 왜 문자열이냐구요? 우리 눈에는 숫자로 보이지만 컴퓨터는 **따옴표('')로 묶은 모든 것을 문자열로 인식합니다.** 설사 그 안에 숫자가 들어 있더라도요! 실제로 '**숫자1**'과 '**숫자2**' 변수의 메모리 그릇을 살펴보면 다음과 같습니다.

숫자1 = '2051'

숫자2 = 1900

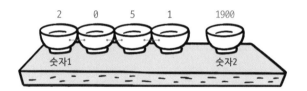

두 자료의 모습이 사뭇 다르죠? 이처럼 '**숫자1**'에 담긴 '2051'은 무늬만 숫자일 뿐 실제로는 문자열이라고 이해해야 합니다.

코딩 실습 03 문자열 인덱싱, 슬라이싱

▶ 동영상 강의

문제 '서양식인사'라는 문자열 메모리 그릇을 만들고, 슬라이싱해서 '짧은서양인사'라는
새로운 문자열 메모리 그릇을 만들고자 합니다. 다음 코드를 입력하고 실행해 보세요.

```
서양식인사 = '좋은 아침입니다!'
print(서양식인사)

짧은서양인사 = 서양식인사[0:5] + 서양식인사[-1]
print(짧은서양인사)
```

-1로 느낌표 하나를
인덱싱해요!

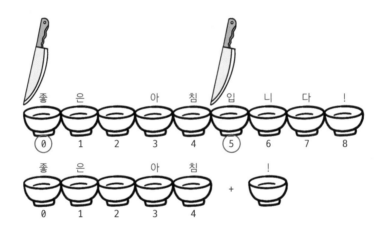

결과 화면 위쪽 [Run] 버튼을 누르면 아래쪽에 결과 화면이 나타납니다.

> **출력 결과**
>
> 좋은 아침입니다!
> 좋은 아침!

02-6

함수 작동 원리 이해하기

코딩의 두 번째 특징인 행동을 설명하는 공간, 함수Function를 살펴보겠습니다. 함수의 영어단어인 function은 '기능'을 의미하지요? 코딩에서 함수는 말 그대로 어떤 기능을 수행하는 공간을 의미합니다. 아래 그림의 핫케이크 만드는 행동을 예로 들어 설명해 보겠습니다.

0. 준비물을 준비

1. 그릇에 재료 넣고 섞기   2. 프라이팬에 넣고 1분간 가열   3. 빵 위에 과일 올리기

0. 준비물을 준비합니다(버터, 우유, 달걀, 과일).
1. 준비물을 그릇에 넣고 잘 섞어 빵 반죽을 만듭니다.
2. 빵 반죽을 프라이팬에 넣고 1분 정도 가열해 줍니다.
3. 구워진 빵 위에 과일을 올립니다.

맛있는 핫케이크가 상상되나요? 핫케이크 만들기와 같은 행동을 코딩에서는 함수로 지시합니다. 방법은 핫케이크 만들기를 설명하는 것과 비슷합니다.

1단계 함수 기본 틀 만들기

가장 먼저 **def라는 단어로 시작합니다.** def는 '함수를 정의한다'는 뜻의 수식어로, 정의를 의미하는 영어단어 definition의 약자입니다. def 다음에 앞으로 설명할 행동이 무엇인지 함수 이름을 말해 줍니다. **'핫케이크만들기'**처럼 말이죠. 그런 다음 자세한 설명글을 써줍니다.

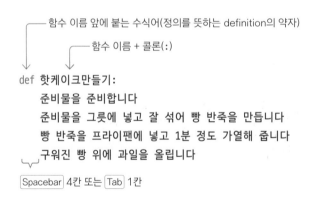

01-8에서 콜론(:) 기호를 배웠지요? 콜론(:) 다음 줄에 Spacebar 4칸 또는 Tab 1칸으로 들여쓴 글이 나온다면 '이 함수에 대한 설명을 하겠다'라는 뜻이 됩니다.

콜론(:) 기호가 이해되지 않는다면, 콜론(:) 기호 주변으로 사각형이 그려져 있다고 상상해 보세요. 함수의 구조를 기억하는 데 도움이 될 거예요.

```
def 핫케이크만들기:
    준비물을 준비합니다
    준비물을 그릇에 넣고 잘 섞어 빵 반죽을 만듭니다
    빵 반죽을 프라이팬에 넣고 1분 정도 가열해 줍니다
    구워진 빵 위에 과일을 올립니다
```

2단계 외부 값 가져오기

누군가 '핫케이크만들기' 함수를 보고 실제로 핫케이크를 만든다고 생각해 보세요. 두 번째 소스 줄 '준비물을 준비합니다'를 보고 어떤 생각을 할까요? '준비물로 무엇이 필요하지? 어디서 구하지?'라는 생각이 들 거예요. 버터, 우유, 달걀, 과일 등 준비물을 만드는 방법까지 함수 안에서 설명할 수도 있지만, 우리가 슈퍼에서 필요한 물품을 사오는 것처럼 외부에서 준비물을 가지고 오면 편하겠죠? 이런 이유로 함수에도 외부에서 값을 가지고 올 수 있는 창구를 만들어놓았습니다.

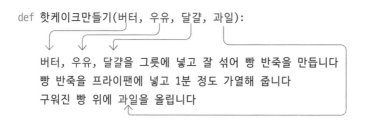

코딩에서 값은 '메모리 그릇'인 변수에 저장해서 전달한다고 했죠? 함수에서 사용하는 값도 변수 안에 담아서 사용합니다. 함수 이름 다음에 괄호( ) 공간을 만들어서 외부에서 전달받을 변수들의 이름을 선언하면 됩니다. 위 예시에서는 버터, 우유, 달걀, 과일이라는 변수에 담아서 사용했네요. 이렇게 외부에서 가져온 변수는 함수 안에서 같은 이름으로 사용됩니다.

3단계 함수의 결과물 돌려주기(리턴)

현재 '핫케이크만들기' 함수에는 핫케이크를 완성하는 것까지만 포함되어 있습니다. 만들어진 핫케이크를 외부에 전달할 방법도 있으면 좋지 않을까요? 만들어진 핫케이크의 개수를 외부에 전달하는 함수는 다음과 같이 표현할 수 있습니다.

```
def 핫케이크만들기(버터, 우유, 달걀, 과일):
    버터, 우유, 달걀을 그릇에 넣고 잘 섞어 빵 반죽을 만듭니다
    빵 반죽을 프라이팬에 넣고 1분 정도 가열해 줍니다
    구워진 빵 위에 과일을 올립니다
    return 만들어진_핫케이크_개수        ← 함수 밖으로 전달하는 메모리 그릇
```

함수에서 만든 값을 외부에 전달하는 전달자는 **리턴**return입니다. 함수에서 열심히 만든 결과물을 메모리 그릇에 저장하고 리턴 명령을 사용해서 값을 함수 밖으로 전달하겠다고 표시만 하면 됩니다.

지금까지 설명한 함수의 구조를 그림으로 표현하면 다음과 같습니다.

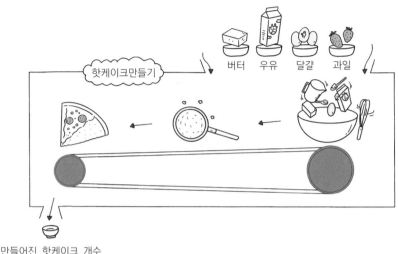

만들어진_핫케이크_개수

함수 이름 뒤 괄호( ) 공간에 재료들을 넣고, 함수를 작동한 다음, 마지막으로 결
과값을 함수 밖으로 내보내죠. 참고로 리턴 명령은 있어도 되고 없어도 됩니다.
만약 리턴할 값이 없다면 리턴 명령 없이 2단계에서 함수를 끝내면 됩니다.

4단계 함수 사용하기

함수의 구조를 이해했으니 이제 진짜 함수의 예시를 한번 보겠습니다.

```
def 숫자합하기(숫자1, 숫자2):
    합 = 숫자1 + 숫자2
    return 합
```

복습하는 의미로 코드를 읽어볼까요? 함수의 이름은 '**숫자합하기**'이고, 외부에서 '**숫자1**', '**숫자2**'라는 이름의 메모리 그릇을 받았습니다. 전달받은 '**숫자1**'과 '**숫자2**'를 더한 다음 '**합**'이라는 메모리 그릇에 저장하고, 마지막으로 '**합**'에 담긴 값을 리턴합니다.

그럼 '**숫자합하기**' 함수는 어떻게 사용할까요? 함수 이름과 함께 괄호( ) 안에 함수에서 사용할 자료를 입력하면 됩니다.

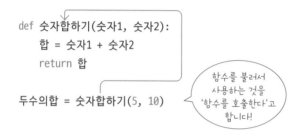

```
def 숫자합하기(숫자1, 숫자2):
    합 = 숫자1 + 숫자2
    return 합

두수의합 = 숫자합하기(5, 10)
```

> 함수를 불러서 사용하는 것을 '함수를 호출한다'고 합니다!

위 예시에서는 숫자 5와 10을 '**숫자합하기**' 함수 안에 넣었네요. 그 결과 '**두수의합**'이라는 변수에 15라는 값이 담기게 됩니다.

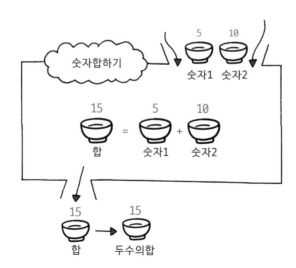

함수는 선언 먼저, 호출은 그 다음에!

함수의 내용을 먼저 선언해야 함수를 호출해 사용할 수 있습니다. '핫케이크 만드는 방법'을 모르는데 '핫케이크를 만들라!'고 명령할 수 없는 것과 같은 이치죠. 그래서 일반적으로 코드의 위쪽에서 함수를 선언합니다.

또한 사람이 하는 행동이 여러 가지인 것처럼 프로그래밍 코드에서도 여러 개의 함수를 사용할 수 있습니다. 아래 예시처럼 하나의 코드에 **식빵만들기()** 함수와 **단팥빵만들기()** 함수를 모두 만들고 사용할 수 있는 것이죠.

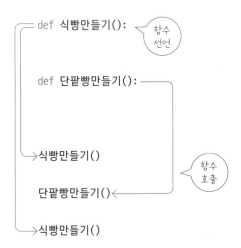

Q 아래 그림을 참고해서 브라우니 만드는 함수를 완성해 보세요! 외부에서 받는 재료는 다음과 같습니다.

[재료] 버터 250g, 초콜릿 2개, 믹스넛 100g, 바닐라 50g, 달걀 3개

┌────┐브라우니만들기(버터, ┌────┐, ┌────┐, ┌────┐, ┌────┐):
　　초콜릿을 냄비에 넣고 녹인다
　　버터를 잘게 잘라서 냄비에 넣고 녹인다
　　그릇에 달걀을 풀어 놓는다
　　달걀을 푼 그릇에 녹인 초콜릿과 바닐라를 넣고 잘 섞는다
　　오븐그릇에 담은 다음 믹스넛을 고르게 뿌린다
　　오븐에 180도로 25~30분 굽는다
　　return 만든브라우니갯수

나의브라우니 = 브라우니만들기(250, 2, 100, 50, 3)

힌트 함수 앞에는 definition의 약자인 **def**를 사용합니다.

정답 363쪽

▶ 동영상 강의

문제 return이 있는 함수와 없는 함수의 차이를 직접 코딩하며 살펴보겠습니다. 다음 코드를 입력하고 실행해 보세요.

```
def 인사말_만들기(이름):
    인사말 = '안녕하세요?' + 이름 + '님'        ┐ return이 있는 함수
    return 인사말                              ┘

def 인사말_바로하기(이름):
    인사말 = '안녕하세요?' + 이름 + '님'        ┐ return이 없는 함수
    print(인사말)                              ┘

인사말 = 인사말_만들기('준이')   ↝ 함수 결과값이 '인사말' 변수에 담겨서
print(인사말)                                print()로 출력해야 합니다.

인사말_바로하기('정국')   ↝ 함수에 print()까지 있어서 함수만 사용해도 출력됩니다.
```

결과 코드를 입력하고 위쪽 [Run] 버튼을 누르면 아래쪽에 결과 화면이 나타납니다.

출력 결과

안녕하세요? 준이님
안녕하세요? 정국님

02-7

입력과 출력
— print(), input()

앞에서 배운 출력하는 명령어 print()도 일종의 함수입니다. 파이썬 자체에 이미 만들어져 있는 함수라 우리가 따로 만들 필요 없이 바로 사용할 수 있었던 것입니다. 이렇게 이미 만들어진 함수를 '내장 함수' 또는 '빌트인 함수'라고 합니다. print()와 같은 내장 함수는 사용 방법만 알면 바로 사용할 수 있습니다. print()를 사용하는 다양한 방법이 있는데 대표적인 몇 가지만 소개하겠습니다.

하나의 값 출력하기

가장 기본적인 방법입니다. 함수 이름 print()의 괄호( ) 안에 출력할 변수를 입력합니다. 앞서 함수의 구조로 살펴보았던 것과 비슷하지요?

```
print('사과20개')
print(100.5)
```

출력 결과

```
사과20개
100.5
```

하나 이상의 값 출력 방법 ① '+' 기호

만약에 print() 함수 안에 하나 이상의 값을 출력하고 싶을 때는 어떻게 할까요?
직관적으로 떠오르는 방법으로 더하기(+) 기호를 사용할 수 있습니다. 그럼 아래
와 같이 문자열 '사과'와 변수 '개수', 문자열 '개'를 차례로 연결해 출력할 수 있
습니다.

```
개수 = '20'                      변수    문자열
print('사과' + 개수 + '개')
```

출력 결과

```
사과20개
```

하지만 이 방법은 큰 단점이 있습니다. 바로 **무조건 문자열 값끼리만 더해야 한다**
는 것입니다. 예를 들어 다음과 같이 실행하면 오류가 발생합니다. 변수 '개수'에
담긴 **20**은 문자열이 아닌 정수형 자료이기 때문입니다.

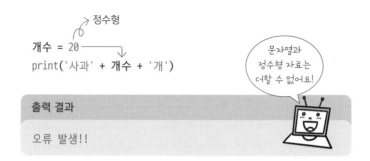

이럴 땐 숫자형을 문자열로 강제로 변환(이 과정을 '형 변환'이라고 합니다)하는 str()이라는 내장 함수를 사용하면 해결됩니다. 다음과 같이 수정하면 오류가 발생하지 않습니다.

```
개수 = 20                  ─→ 문자열로 형 변환!
print('사과' + str(개수) + '개')
```

출력 결과

사과20개

 궁금해요! int(), float()이 뭔가요?

변수에 담긴 값을 다른 형태로 변환하는 과정을 '형 변환' 또는 '캐스팅'이라고 합니다. 그리고 이렇게 자료형을 변환하는 함수를 '형 변환 함수'라고 불러요. int(), float()가 바로 형 변환 함수이며 파이썬에서 지원하는 형 변환 함수는 다음과 같습니다.

함수	기능	예시
int()	정수(integer)형으로 변환	int('123') → 123
float()	실수(float)형으로 변환	float('123.456') → 123.456
str()	문자(string)로 변환	str(123) → '123'

하나 이상의 값 출력 방법 ② ',' 기호

함수에 여러 개의 값을 사용하는 다른 방법을 살펴볼까요? 아래와 같이 쉼표(,)
기호를 사용하면 따로 형 변환을 하지 않아도 함께 사용할 수 있습니다.

```
개수 = 20
print('사과', 개수, '개')
```

하지만 이렇게 출력할 경우, 입력값 사이에 무조건 빈칸이 들어갑니다.

출력 결과

사과 20 개
빈칸 빈칸

하나 이상의 값 출력 방법 ③ '.format( )' 기호

마지막으로 현업에서 가장 많이 사용하는 방법입니다. 따옴표 안에 원하는 내
용을 다 적은 후 내용 중 변수로 값을 받아야 하는 부분에 **{ }** 기호를 적고 끝에
.format()과 함께 괄호( ) 안에 변수 이름을 추가합니다. 실제 예시를 보겠습니다.

```
개수 = 20
print('사과 {}개'.format(개수))
```

출력 결과

사과 20개

우리에게 익숙하지 않은 .format이라는 단어를 사용하다 보니 좀 어색하지만, 여러 개의 변수를 한꺼번에 사용할 때 매우 편한 기능입니다. 예를 들어 변수 3개를 출력할 때 아래와 같이 사용할 수 있습니다.

```
사과 = 20
배 = 5
참외 = 7

print('사과 {}개, 배 {}개, 참외 {}개가 있다.'.format(사과, 배, 참외))
```

출력 결과

사과 20개, 배 5개, 참외 7개가 있다.

값을 받는 함수 input()

print()가 화면에 어떤 내용을 출력하는 함수라면, 사용자가 입력하는 값을 컴퓨터가 받는 함수도 있습니다. 함수의 이름도 '입력'을 의미하는 input()입니다.

값을 입력받으려면 '질문'과 '입력받을 변수'가 필요하겠죠? 다음과 같이 사용하면 됩니다.

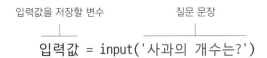

입력값을 저장할 변수   질문 문장

```
입력값 = input('사과의 개수는?')
```

위와 같이 입력하고 실행하면 질문 문장 '사과의 개수는?'이 출력되고, 사용자의 입력을 기다립니다. 사용자가 어떤 값을 입력하면 그 값이 변수 '입력값'에 저장되죠. 이때 어떤 값으로 대답하든 무조건 문자열로 저장됩니다.

```
변수1 = input('문자값 입력:')
```

만약 문자열이 아닌 정수형이나 실수형으로 값을 저장하고 싶다면 다음과 같이 형 변환 함수를 사용하면 됩니다. 다음과 같이 int()로 묶으면 정수형으로 바뀌고, float()으로 묶으면 실수형으로 바뀝니다.

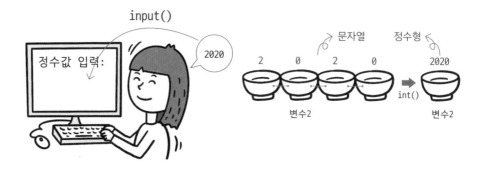

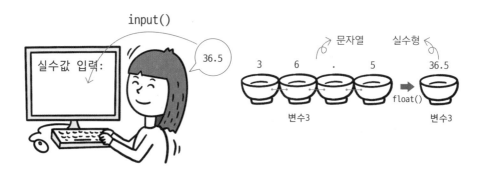

글만 읽어서는 어떤 과정인지 잘 모르겠죠? [코딩 실습 05]로 직접 실습해 보겠습니다.

▶ 동영상 강의

문제 다음과 같이 나이와 이름을 입력받아서 출력하는 코드를 작성해 보세요.

```python
이름 = input('당신의 이름은?')
나이 = int(input('당신의 나이는?'))

print('당신은 ' + 이름 + '이고 ' + str(나이) + '살입니다.')
print('당신은', 이름, '이고 ', 나이, '살입니다.')
print('당신은 {}이고 {}살 입니다.'.format(이름, 나이))
```

→ 문자열로 변환

— 출력하는 다양한 방법

결과 코드를 입력하고 위쪽 [Run] 버튼을 누르면 다음과 같이 질문이 나타납니다.

```
📄  ⌃ ①  ▶ Run  ⊙ Debug  ■ Stop  ⮌ Share  💾 Save  {} Beautify  ⬇
main.py
1   이름 = input('당신의 이름은?')
2   나이 = int(input('당신의 나이는?'))
3
4   print('당신은 ' + 이름 + '이고 ' + str(나이) + '살입니다.')
5   print('당신은', 이름, '이고 ', 나이, '살입니다.')
6   print('당신은 {}이고 {}살 입니다.'.format(이름, 나이))
7

⌄  ↗  📋 ②                                    input
당신의 이름은?
```

질문 옆에 깜박이는 커서가 보이나요? 여러분의 이름을 입력하고 Enter 를 눌러보세요.

```
⌄  ↗  📋                                      input
당신의 이름은?정하은③
```

다음과 같이 두 번째 질문이 나타납니다. 마찬가지로 여러분의 나이를 입력하고 Enter 를 누르세요.

그럼 각기 다른 방법으로 작성한 print() 결과가 나타납니다.

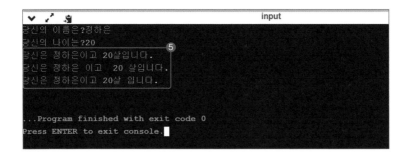

입력값을 바꿔가며 여러 번 실행해 보세요.

빌드(Build), 통합 개발 환경(IDE), 소프트웨어 개발 도구(SDK)

아래 사진 속 큰 건물은 세계에서 가장 높은 빌딩 중 하나입니다.

두바이의 브루즈 칼리파(Burj Khalifa)

세계 최고 높이 빌딩이 경신되는 속도가 점점 더 빨라지고 있다고 합니다. 그런데 어떻게 점점 더 높은 빌딩을 지을 수 있는 걸까요? 건설회사 직원의 능력이 예전에 비해 더 좋아진 것일까요? 사람의 능력이 좋아졌을 수도 있지만, 핵심 비결은 빌딩을 건설할 수 있는 장비들이 점점 더 좋아지고, 이런 장비들을 활용하는 기술('건설공법'이라고 얘기하지요)이 계속해서 좋아졌기 때문입니다.

코딩도 마찬가지입니다. 비행기 슈팅 게임 두 가지를 예로 들어 설명해 보겠습니다.

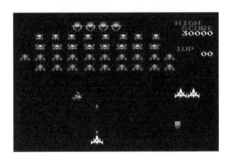

1980년대 게임 갤러그

2018년도 게임 Flight Pilot Simulation

위쪽은 1980년대에 유행했던 '갤러그'라는 게임이고, 아래쪽은 최근에 만들어진 슈팅 게임입니다. 딱 봐도 게임의 수준이 다른 것을 알 수 있겠지요? 그런데 게임의 수준이 좋아진 이유가 단지 게임 개발자들의 개인적인 역량이 좋아졌기 때문이라고 볼 수만은 없습니다. 그보다는 게임 개발자들이 사용하는 도구의 수준이 높아졌기 때문입니다.

게임 개발에 투입된 시간과 노력으로만 따진다면, 위쪽의 단순한 게임이 아래쪽의 복잡한 게임을 훨씬 앞지를 것입니다. 1980년대만 해도 지금과 달리 게임 개발에 필요한 도구가 발달하지 않아서 처음부터 끝까지 개발자가 일일이 개발해서 써야 했으니까요. 예전엔 큰 궁전을 지으려면 몇백 년이 걸렸지만, 지금은 100층짜리 건물도 3~4년이면 짓는 것과 같은 원리입니다.

남이 만들어놓은 코드: 라이브러리/패키지와 빌드

코딩은 혼자만의 지식으로 하는 것이 아니라, 다른 사람들이 만들어놓은 **자원**Resource을 사용합니다. 이미 만들어진 자원들은 '잘 정리된 지식을 도서관에서 찾아서 사용한다'는 의미에서 **라이브러리**Library 또는 선물 보따리 같다는 의미에서 **패키지**Package라고 표현합니다.

그렇다면 내가 작성한 코드와 남이 만들어놓은 코드를 결합하는 단계가 필요하겠죠? 이런 결합 작업을 **빌드**Build라고 합니다. 빌드는 내가 만든 기술과 남의 기술을 결합해서 함께 프로그램을 짓는다는 의미입니다.

소프트웨어 개발 도구: SDK

컴파일 및 빌드 과정에 필요한 컴파일러와 라이브러리(또는 패키지)를 제공하는 도구를 통칭해서 **SDK**Software Development Kit라고 표현합니다. 최근의 프로그래밍 언어들은 컴파일러뿐 아니라 다양한 라이브러리까지 기본으로 제공하기 때문에 프로그래밍 언어 뒤에 SDK라는 수식어가 붙습니다.

통합 개발 환경 IDE

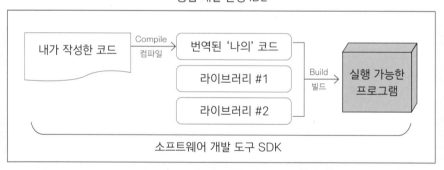

112

통합 개발 환경: IDE

SDK가 코딩을 위한 도구와 재료를 제공한다면, 이러한 도구들과 재료를 편리하게 사용할 수 있는 환경을 IDEIntegrated Development Environment라고 합니다. 마치 여러 가지 도구를 한곳에 잘 정리해서 사용하기 편하게 보관하고, 이동이 편리하게끔 해주는 도구가방 같은 역할을 한다고 이해하면 됩니다.

IDE를 활용하면 컴파일과 빌드를 따로따로 진행할 필요 없이 '실행Run 버튼'만 누르면 컴파일, 빌드, 실행까지 모두 처리해 줍니다. 그리고 코드를 자동으로 완성해 주는 기능과 텍스트 입력 대신 마우스 클릭으로 코드를 완성해 주는 편리한 기능도 제공합니다.

파이썬에 최적화된 IDE인 파이참

다양한 프로그래밍 언어를 지원하는 IDE인 비주얼 스튜디오

03

·

컴퓨터는 어떻게
생각하고 판단할까?

02장에서는 컴퓨터가 어떻게 기억하고

행동하는지 배웠습니다.

이번 장에서는 기억하고 있는 것을 활용해서

컴퓨터가 어떤 생각을 할 수 있는지 알아봅니다.

03-1

단순 무식해.
하지만 엄청 빨라!

우리말에 '단순 무식하다'는 말이 있습니다. 깊이 생각하지 않고 단순하게 일을 처리한다는 뜻이죠. 그런데 컴퓨터가 단순 무식하다면, 이해가 가나요? 같이 생각해 보겠습니다.

간단한 수학 문제를 풀어보겠습니다. 아래 네모 안에 들어갈 답은 무엇일까요?

$$\Box + 10 = 100$$

네. 맞습니다. 90입니다. 답이 90이라는 것을 어떻게 알았나요?

아마도 머릿속에서 아래와 같이 계산을 했을 것입니다.

$$\Box = 100 - 10$$
$$\Box = 90$$

그런데 컴퓨터는 위와 같은 계산 방법을 알지 못합니다. 그래서 다른 방식으로 계산을 합니다. 사실 계산이라기보다는 끼워맞추기에 가깝다고 할 수 있습니다. 어떻게 하는지 볼까요?

0	+ 10 = 100	→	맞나요?	→	아니요	→	다음 숫자로 넘어가세요.
1	+ 10 = 100	→	맞나요?	→	아니요	→	다음 숫자로 넘어가세요.
2	+ 10 = 100	→	맞나요?	→	아니요	→	다음 숫자로 넘어가세요.
				...			
89	+ 10 = 100	→	맞나요?	→	아니요	→	다음 숫자로 넘어가세요.
90	+ 10 = 100	→	맞나요?	→	네	→	답은 90입니다.

단순해도 너무 단순합니다. 정말 이렇게 단순할까요? 이렇게 단순한데 우주선을 쏘아 올리는 것과 같이 어렵고 복잡한 계산은 도대체 어떻게 할 수 있을까요?

정답은 '속도'에 있습니다

무식하지만 굉장히 빠른 속도로 위와 같은 반복을 하면, 인간이 하는 것보다 훨씬 빨리 계산할 수 있습니다. 이러한 단순 무식한 계산은 두 가지 방법이 조합되어서 진행됩니다.

① 계산 결과가 맞는지 틀렸는지 조건을 판단하는 '**조건문**'(또는 제어문)
② 계산을 계속 반복하는 '**반복문**'(또는 순환문)

컴퓨터는 이 두 가지 행위를 조합해서 '생각'을 합니다. 엄청난 속도로 말이죠. 이렇게 엄청난 '컴퓨팅 파워'는 컴퓨터가 진짜 생각을 하는 것처럼 보이게 만들었습니다. 이른바 인공지능(A.I)의 시대가 열리게 된 것이죠. 이제 컴퓨터가 생각하는 가장 기본적인 방법인 조건문과 반복문에 대해 살펴보겠습니다.

궁금해요! '단순 무식' 컴퓨터와 인공지능 - 머신러닝 - 딥러닝의 관계

컴퓨터가 탄생한 이래 효과적으로 반복하고 판단하기 위한 다양한 알고리즘이 도입되었지만, 기본적인 방법은 변하지 않았습니다. 하지만 인공지능이 발전하면서 상황이 조금 달라졌습니다. '단순 무식'을 '학습'으로 개선하기 시작한 것이죠. 예전에도 컴퓨터가 학습을 안 한 것은 아닙니다. 다만 중요한 차이점이 있습니다. 예전엔 인간이 미리 학습한 결과를 컴퓨터에게 알려줌으로써 인간의 학습 방법으로 계산을 수행했다면, 요즘 인공지능은 컴퓨터 스스로 학습을 하고, 직접 찾아낸 방법에 따라 계산을 수행하고 계산 방법을 개선합니다. 인공지능은 몇 가지로 구분할 수 있는데, 대표적으로는 머신러닝(기계학습)이 있고 그 안에 딥러닝(심층학습)이 있습니다. 예시를 통해 이해해 보겠습니다.

오른쪽 그림은 좌우로 움직이는 받침대를 사용해 공을 튕겨서 위쪽에 쌓여 있는 벽돌을 하나씩 깨는 게임입니다.

기존 방식인 '주입식 학습'은 프로그래밍 단계에서 컴퓨터한테 게임 방법을 알려주고 그대로 따라하도록 합니다. 예를 들면, 오른쪽 아래 그림처럼 왼쪽 벽돌이 모두 뚫리면 공을 위쪽으로 올려서 한번에 많은 벽돌을 깰 수 있도록 프로그래밍을 하는 것입니다. 인간이 알고 있는 노하우를 컴퓨터에게 알려주고 따라하라고 시키는 것이죠.

반면에 인공지능 중에서도 머신러닝은 컴퓨터에게 인간의 노하우를 주입식으로 가르쳐주지 않습니다. 대신에 반복적으로(엄청난 속도로 반복한다는 것을 잊지 마세요!) 게임을 시키고, 좋은 결과가 나오는 방법을 스스로 알아내도록 게임 '방법을 학습'시킵니다. 요즘 유행하는 '자기주도형 학습'을 컴퓨터가 한다고 말할 수 있습니다.

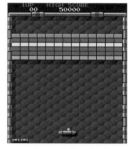

고전 게임 알카로이드

바둑기사 알파고 이야기

바둑은 경우의 수가 너무 많아서 기존의 '머신러닝' 방법으로는 컴퓨터가 인간을 이길 수 없었습니다. 하지만 인공지능 알파고가 그 벽을 뛰어넘었습니다. 엄청난 양의 컴퓨터 간의 대전과 사람들과의 대전을 통해서 스스로 학습하여, 자기만의 가장 나은 방법을 찾아낸 거죠. 그것도 바둑 고수들이 알지 못했던 다양한 방법을 사용해서 말입니다. 이 방법은 머신러닝 중에서도 딥러닝 방식을 이용한 것입니다. 여러 층에서 깊게(deep) 학습한다는 뜻이죠. 이제 단순 무식한 컴퓨터도 특정한 목적을 알려주면 지능이 만들어지는 시대가 되었습니다.

03-2

조건문 ① 내가 만약 시인이라면
— if

단순 무식한 컴퓨터가 생각하는 첫 번째 방법, 조건문을 살펴보겠습니다.

1단계 기본 조건문 이해하기

아래 문장은 제가 좋아하는 꽤 오래된 노래의 가사입니다.

> 내가 만약 시인이라면 그댈 위해 노래를 하겠소

'만약 ~라면'과 같이 사실일 수도 있고, 아닐 수도 있는 상황을 설명하는 문장을
조건문이라고 합니다. 즉, 내가 시인이라면 위의 조건은 **참**^{True}이기 때문에, 그대
를 위해 노래를 할 것입니다. 하지만 내가 시인이 아니라면 위의 조건은 **거짓**^{False}
이 되기 때문에, 노래를 할 수도 있고 하지 않을 수도 있겠지요.

위 문장을 파이썬 코드 형식으로 표현해 보겠습니다.

```
              ┌──→  '참'과 '거짓'을 판단해야 하는 문장
     ─────────┘
만약에  내가 시인:
    그댈 위해  노래를  하겠소 ──→ '참'일 때 하는 행동
```

영어 문법에 따라서 '만약에' 다음에 참, 거짓을 판단해야 하는 문장(조건)을 넣은 다음, 함수에서 배웠던 부연 설명 기호인 콜론(:)을 넣고, 다음 줄부터 4칸(또는 탭)을 띄운 다음, 조건문이 '참'일 때 하는 행동을 써주면 됩니다.

그렇다면 조건문의 결과가 거짓인 경우는 어떨까요? 아래와 같이 가사를 바꿔보겠습니다.

내가 만약 시인이라면 그댈 위해 노래를 하겠고,
그렇지 않으면 그댈 위해 춤을 추겠소

내가 시인일 때와 아닐 때 하는 행동이 따로 정의되었습니다. 위의 예시를 파이썬 코드 형식으로 표현하면 다음과 같습니다.

```
만약에  내가 시인:
    그댈 위해  노래를  하겠소
그렇지  않으면:
    그댈 위해  춤을  추겠소 ──→ '내가 시인' 이라는 조건이 거짓일 때 하는 행동
```

'만약에'는 영어로 if입니다. 그리고 '그렇지 않으면'은 영어로 else입니다. 그래서 위 문장은 다음과 같이 표현할 수 있습니다.

```
if 내가 시인:
    그댈 위해 노래를 하겠소
else:
    그댈 위해 춤을 추겠소
```

보통 '같다'라는 의미로 쓰이는 부호는 '='표시입니다. 하지만, 코딩에서 '=' 부호
는 오른쪽에 있는 값을 왼쪽으로 넣으라는 의미입니다. 그래서 코딩에서 '같다'는
'='를 두 번 넣은 '=='으로 표현합니다. 이 부호를 이용해서 '내가 시인'이라는 조
건을 코드 형식으로 바꾸면 다음과 같습니다.

```
if 나 == 시인:
    그댈 위해 노래를 하겠소
else:
    그댈 위해 춤을 추겠소
```

2단계 이상, 이하, 초과, 미만 부호 적용하기

다른 예를 생각해 보겠습니다.

시험성적이 80점 이상이면 상장을 받지만,
그렇지 않으면 참가상을 받는다

위 문장에서 참과 거짓을 판단해야 하는 조건은 무엇인가요? 네 맞습니다. '시험
성적이 80점 이상'이 참과 거짓을 판단하는 조건입니다.
그럼 위 문장도 파이썬 코드 형식으로 표현해 보겠습니다.

```
if 시험성적이 80점 이상:
    상장을 받는다
else:
    참가상을 받는다
```

'80점 이상이다'라는 표현은, '80점보다 크거나 같다'로 바꿔 말할 수 있습니다. 그런데 '크거나 같다'를 표현(≥)하려고 하니, 키보드를 아무리 찾아봐도 기호가 없네요. 코딩에서는 크거나 같다는 표현으로 '>='을 사용합니다.
위 조건문을 코드 형식으로 수정하면 다음과 같습니다.

```
if 시험성적 >= 80:
    상장을 받는다
else:
    참가상을 받는다
```

같은 방식으로 '작거나 같다'는 '<='라고 표현합니다. 그리고 그냥 크다, 작다는 '>', '<'를 사용하면 됩니다.

3단계 '같지 않다' 부호 적용하기

이외에 조건문에서 자주 사용하는 표현이 '같지 않다'입니다. 수학식에서 같지 않다는 보통 '≠' 부호를 사용합니다. 하지만 이 부호도 키보드에 없네요. 그래서 코딩에서는 비슷하게 '!='로 표현하거나 '<>'로 표현합니다. 파이썬의 경우는 '!='으로 표현합니다. 아래 조건문을 보겠습니다.

그가 대한민국 국민이 아니라면 군대에 안 가도 되지만,
그렇지 않으면 군대에 가야 한다

```
if 그 != 대한민국 국민:
    군대에 안 가도 된다
else:
    군대에 가야 한다
```

조건문에 사용할 수 있는 수학식 부호를 정리하면 다음과 같습니다.

a가 10과 같을 때	a == 10
a가 10보다 클 때	a > 10
a가 10보다 작을 때	a < 10
a가 10과 같거나 클 때(이상일 때)	a >= 10
a가 10과 같거나 작을 때(이하일 때)	a <= 10
a가 10이 아닐 때	a != 10

코딩 실습 06   조건문 if ~ else

▶ 동영상 강의

문제 게임 등수에 따라 1등은 TV를 보면서 쉬고, 2등은 설거지를 하게 하려고 합니다. 아래 코드를 직접 작성하고 [Run]을 눌러보세요.

```
등수 = input('몇 등인가요(1 또는 2)?')
                        ⤸ 조건: 등수가 1일 때
if 등수 == '1':
    print('TV를 보며 편안하게 쉬세요.')
else:
    print('설거지 당첨!')
```

결과 [Run] 버튼을 누르면 다음과 같이 등수를 묻는 질문이 나옵니다.

> **출력 결과**
>
> 몇 등인가요(1 또는 2)?

1을 입력하고 Enter 를 누르면 다음과 같이 TV를 보며 쉬라는 결과가 나옵니다.

> **출력 결과**
>
> TV를 보며 편안하게 쉬세요.

다시 [Run] 버튼을 클릭한 후, 2를 입력해 보세요. 설거지를 하라는 결과가 나오면 성공입니다!

> **출력 결과**
>
> 설거지 당첨!

벌칙 내용을 자유롭게 바꿔서 실행해 보세요.

03-3

조건문 ② 조건이 2개인 경우
— AND, OR

1단계 조건이 2개인 경우

다음과 같은 복합적인 표현은 어떻게 할까요?

> 그의 학년이 3학년이고 이름이 김철수라면
> 이 도시락을 주세요

조건을 만족하려면 '그'가 '3학년'이면서 '김철수'여야 합니다. '그의 학년'이 '3학년인가?'라는 질문과 '그의 이름'이 '김철수'인가?라는 두 가지 질문을 하나로 표현해야겠네요. 프로그래밍 형태로 표현하면 아래와 같겠죠?

```
if 그의 학년 == 3 그리고 그의 이름 == '김철수':
    이 도시락을 주세요
```

즉, 두 조건을 입력하고 '그리고'로 연결하면 됩니다.

2단계 그리고(and) 표현하기

파이썬에서는 '그리고'를 표현하기 위해 영어단어 **and**를 사용합니다.

```
if 그의 학년 == 3 and 그의 이름 == '김철수':
    이 도시락을 주세요
```

좀 더 복잡한 조건문을 생각해 보겠습니다.

날짜가 3월 6일일 때, 학년이 3학년이고
이름이 김철수인 그에게 이 도시락을 주세요

조건이 몇 개인가요? 날짜가 3월 6일이어야 한다는 조건이 추가되었으니 조건이
총 3개입니다. 파이썬 코드로 표현하면 다음과 같습니다.

```
if 날짜 == 3월 6일 and 학년 == 3 and 그의 이름 == '김철수':
    이 도시락을 주세요
```

구역을 좀 더 명확하게 구분하기 위해서 괄호를 사용할 수도 있습니다.

```
if (날짜 == 3월 6일) and (학년 == 3) and (그의 이름 == '김철수'):
    이 도시락을 주세요
```

너무 간단한가요? 조건이 많아지면 계속해서 'and'로 연결한다는 것 말고는 변한
게 없습니다.

3단계 또는(or) 표현하기

지금까지 '그리고'를 배웠는데, '또는'도 알아보겠습니다.

> 학생이 3학년 또는 2학년이면 이 기념품을 가져가세요

학생이 3학년인 경우에도 기념품을 줘야 하고, 2학년인 경우에도 기념품을 줘야 하는 상황이네요. 이 경우는 아래와 같이 작성할 수 있습니다.

```
if 학년 == 3 또는 학년 == 2:
    이 기념품을 가져가세요
```

'그리고'를 and로 표현했으니 '또는'은 or로 표현하면 되겠죠? 파이썬에서는 아래와 같이 표현하면 됩니다.

```
if 학년 == 3 or 학년 == 2:
    이 기념품을 가져가세요
```

'또는'도 '그리고'와 마찬가지로 여러 조건을 연결해서 사용할 수 있습니다. 아래 예문을 파이썬 코드 형식의 조건문으로 표현해 보겠습니다.

> 학년이 2, 3, 4학년이면, 이 햄버거를 주세요
> 아니면 이 김밥을 주세요

```
if 학년 == 2 or 학년 == 3 or 학년 == 4:
    이 햄버거를 주세요
else:
    이 김밥을 주세요
```

그런데 위 조건문은 2학년 이상 4학년 이하인 경우와도 같은 의미라서 아래와 같이 표현할 수도 있습니다.

```
if 학년 >= 2 and 학년 <= 4:
    이 햄버거를 주세요
else:
    이 김밥을 주세요
```

어떤 형태로 표현하든 상관없습니다. 코드를 입력한 프로그래머 마음입니다. 그러다 보니 같은 결과를 보이는 프로그램도 프로그래머마다 표현하는 방식이 다릅니다. 다만, 컴퓨터가 연산 처리를 조금이라도 덜하게 해 결과가 바로바로 나오고, 다른 사람이 볼 때도 이해하기 쉽게 명료하게 프로그래밍을 해야 '프로그래밍을 잘한다'라고 합니다.

코딩 실습 07 조건이 2개일 때

▶ 동영상 강의

문제 학교에서 간식으로 1, 5, 6학년에게는 김밥을, 2, 3, 4학년에게는 햄버거를 주려고 합니다. 비교연산자(>=, <=)와 and를 사용해 조건문 코드를 입력해 보세요.

```python
학년 = int(input('몇 학년인가요(1~6)?'))

if 학년 >= 2 and 학년 <= 4:      조건: 학년이 2 이상 4 이하일 때
    print('햄버거를 드세요.')
else:
    print('김밥을 드세요.')
```

결과 [Run] 버튼을 누르면 다음과 같이 학년을 묻는 질문이 나옵니다.

> **출력 결과**
>
> 몇 학년인가요(1~6)?

입력 칸에 2를 입력하고 Enter 를 누르세요. 2학년은 햄버거를 먹기로 했으니 결과가 잘 나왔네요.

> **출력 결과**
>
> 햄버거를 드세요.

다시 [Run] 버튼을 클릭한 후, 6을 입력해 보세요. 6학년에게도 김밥이 잘 주어졌습니다.

> **출력 결과**
>
> 김밥을 드세요.

03-4

조건문 ③ 조건문 속 조건문
— elif

이제 실생활에서 흔히 일어날 법한 조금 더 복잡한 조건문을 연습해 보겠습니다. 아래 예문을 보겠습니다.

> 찬열: 민주야, 공부하느라 배고픈데, 뭐 먹을까?
> 민주: 시간이 너무 늦지 않았나?
> 음… 만약에 햄버거 가게 문 열었으면 햄버거 먹고, 문 닫았으면 떡볶이?
> 혹시 떡볶이집도 문 닫았으면 편의점에서 컵라면 먹자.

햄버거 가게가 열렸는지 닫혔는지에 따라 행동이 바로 결정되는 게 아니라, 그 안에 또 다른 조건 '떡볶이집이 열렸는지 닫혔는지'가 추가로 있습니다. 이 상황을 파이썬 코드 형식으로 표현해 보겠습니다.

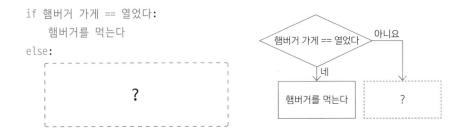

```
if 햄버거 가게 == 열었다:
    햄버거를 먹는다
else:
```

?

'햄버거를 먹는다'까지는 쉽게 작성할 수 있는데, 뒤에 떡볶이집이 열렸을 때라는 조건문을 어떻게 만들어야 할지, 어렵네요. 그럼 떡볶이집이 열렸을 때의 조건문만 따로 작성해 보겠습니다.

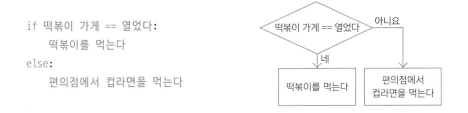

```
if 떡볶이 가게 == 열었다:
    떡볶이를 먹는다
else:
    편의점에서 컵라면을 먹는다
```

위의 떡볶이 가게가 열렸을 때와 닫혔을 때의 조건은 어떤 상황에서 시작될 수 있는 이야기인가요? 바로, 햄버거 가게가 닫혔을 때입니다. 햄버거 가게가 닫혔을 때의 조건은 위 햄버거 가게 조건문에서 물음표(?) 칸에 적으면 되는 내용인 것을 알 수 있습니다. 그렇다면 다음과 같이 조합할 수 있겠죠?

```
if 햄버거 가게 == 열었다:
    햄버거를 먹는다
else:
    if 떡볶이 가게 == 열었다:
        떡볶이를 먹는다
    else:
        편의점에서 컵라면을 먹는다
```

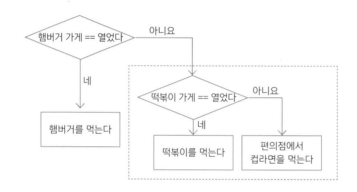

조건문 안의 조건문: elif

프로그래밍을 하다 보면 위의 예시처럼 조건문 안에 조건문을 넣어야 하는 경우가 자주 발생합니다. 그래서인지는 몰라도, 프로그래밍을 개발한 분들이 if 안에 if를 쓰는 게 점점 귀찮아져서, 아래와 같이 elif라는 단어를 만들었습니다.

```
if 햄버거 가게 == 열었다:
    햄버거를 먹는다
elif 떡볶이 가게 == 열었다:
    떡볶이를 먹는다
else:
    편의점에서 컵라면을 먹는다
```

elif는 else와 if의 합성어로 이해할 수 있습니다. 그런데 elif는 영어에 없는 표현입니다. 따라서 우리말로 번역하는 게 쉽지는 않지만 굳이 번역하자면 '아니야? 그럼 만약에' 정도로 해석하면 대충 어감이 맞습니다.

```
만약에 햄버거 가게 == 열었다:
    햄버거를 먹는다
아니야? 그럼 만약에 떡볶이 가게 == 열었다:
    떡볶이를 먹는다
그렇지 않으면:
    편의점에서 컵라면을 먹는다
```

elif를 사용할지 if 구문 안에 또 다른 if를 사용할지는 프로그래머의 선택입니다. 다만, else if를 사용하면 연속되는 '아니야? 그럼 만약에'를 만들 때 문장이 단순해지는 장점이 있습니다.

```
if 햄버거 가게 == 열었다:
    햄버거를 먹는다
elif 떡볶이 가게 == 열었다:
    떡볶이를 먹는다
elif 편의점 == 열었다:
    편의점에서 컵라면을 먹는다
else:
    집으로 그냥 간다
```

 **코딩 실습 08** 조건문 elif

▶ 동영상 강의

문제 지영이와 은수가 저녁을 먹으려고 합니다. 피자 가게가 열렸으면 피자를 먹고, 그렇지 않으면 치킨을 먹고, 치킨 가게도 닫았으면 편의점에서 라면을 먹기로 했습니다. elif를 사용해 저녁 메뉴를 결정하는 조건문 코드를 작성해 보세요.

```
피자가게 = input('피자 가게가 열렸나요(예/아니요)?')
치킨가게 = input('치킨 가게가 열렸나요(예/아니요)?')

if 피자가게 == '예':
    print('피자 가게로 가자')
elif 치킨가게 == '예':
    print('치킨 가게로 가자')
else:
    print('편의점에서 라면을 먹자')
```

결과 [Run] 버튼을 누르면 다음과 같은 질문이 나옵니다. 입력 칸에 '아니요'를 입력해 보세요.

출력 결과

피자 가게가 열렸나요(예/아니요)?

다음 질문에는 '예'를 입력해 보세요.

출력 결과

치킨 가게가 열렸나요(예/아니요)?

피자 가게는 닫았고, 치킨 가게가 열렸다면 어디로 가게 될까요?

출력 결과

치킨 가게로 가자

맞습니다. 치킨을 먹으러 가기로 계획했었지요? 다시 [Run] 버튼을 클릭한 후, 다양한 값을 입력해 보세요.

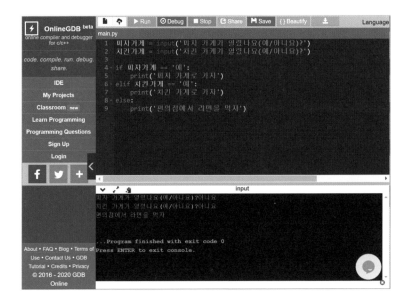

반복문 ① 언젠가는 끝날 반복문
― while, for

컴퓨터가 생각하는 두 번째 방법, 반복문을 배울 차례입니다!

'반복'이라는 단어를 들으면 어떤 생각이 드나요? 학생이라면 매일매일 반복되는 학교 수업이 생각날 것이고, 회사원이라면 매일매일 반복되는 회사 업무가 생각날 것 같습니다. 막연히 '반복문'이라고 하면 끝도 없이 반복될 것이라 생각하지만, 사실 우리가 생각하는 대부분의 반복 생활에는 끝이 있습니다. 예를 들면, 학생에게 늘 반복되는 학교 수업도 졸업을 하면 끝이 납니다. 회사원도 마찬가지죠. 언젠가 회사를 그만두면 지겹게 반복되던 회사 생활이 끝납니다. 즉, '반복'은 대부분 무한하게 반복되기보다는 어느 '조건'이 만족하는 동안만 반복됩니다.

1단계 기본 반복문 while 이해하기

프로그래밍의 반복문도 마찬가지입니다. 무한정 반복되지 않고, 어느 조건이 만족하는 동안만 반복하도록 설계됩니다. 아래처럼 말이죠.

```
내가 학생인 동안 반복:
    아침에 일어나서
    옷을 입고
    학교에 가서
    공부하고
    집에 가고
    잠잔다
```

'~인 동안'은 영어로 while입니다. 그래서 실제 프로그래밍에서는 아래와 같이 씁니다.

```
while 나 == 학생:
    아침에 일어나서
    옷을 입고
    학교에 가서
    공부하고
    집에 가고
    잠잔다
```

2단계 반복문에 조건 더하기

그런데 이렇게 반복하다 보니 한 가지 아쉬운 점이 있네요. 내가 학생인 것을 어떻게 판단할까 하는 점입니다. 아침에 일어나서 하루를 보낸 뒤 다음 하루가 시작될 때, 무엇인가 변해야 내가 학생일 때와 아닐 때를 구분할 수 있지 않을까요?

예를 들어 내가 중학생이라고 생각해 보겠습니다. 중학생 기간은 3년이죠? 1년이 365일이니, 3년이면 3 곱하기 365일 해서 1095일입니다. 그럼 첫째 날을 day 1으로 한다면, 1095일을 끝으로 중학교 학생 기간이 끝나겠네요. (물론 고등학교 기간이 있지만, 여기선 중학교로 학생 생활이 끝난다고 가정하겠습니다.) 그럼 위의 반복문은 아래와 같이 변경할 수 있습니다.

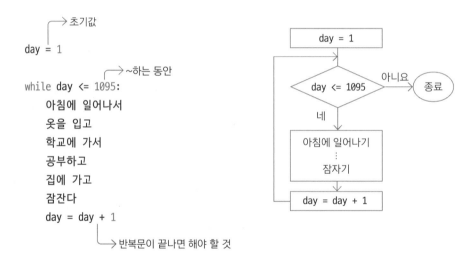

첫 번째 날부터 시작해서, 하루가 끝이 나면 day = day + 1을 통해서 day는 두 번째 날로 변경됩니다. 그리고 day가 1095일보다 작거나 같은지를 확인하고, 맞으면 다음 순환으로 계속 넘어갑니다. 그래서 결국 1096일이 되면 순환은 멈춥니다. 즉, 중학교 3학년 마지막 날인 1095일을 끝으로 멈추게 되죠.

3단계 조건을 포함한 반복문 for 이해하기

여기에서 나오는 개념이 '초기값(처음값)'과 '순환을 마치게 되는 조건', 그리고 '순환할 때마다 변경되는 값'이라는 3가지 순환조건입니다. 이 3가지 순환조건을 더 간단하게 입력하면 좋겠죠? 그래서 다음과 같이 모든 조건을 포함한 반복문 for를 개발합니다.

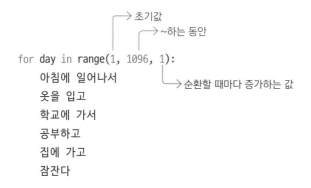

```
for day in range(1, 1096, 1):
    아침에 일어나서
    옷을 입고
    학교에 가서
    공부하고
    집에 가고
    잠잔다
```

range는 범위를 뜻하는 영어단어입니다. 그리고 in range는 '어떤 범위 안에서'라는 의미이지요. 그럼 위 코드가 어떤 범위를 의미하는지 알아보겠습니다.

range(1, 1096, 1)을 그대로 풀어서 읽으면 '1부터 1096에 도달하기 전까지, 1씩 증가하면서'라고 읽을 수 있습니다. 그림으로 표현하면 아래와 같습니다.

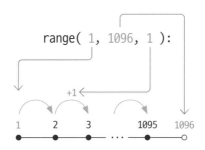

다른 예를 들어보겠습니다.

range(100, 90, -3):

위 range는 이렇게 읽을 수 있습니다. '100부터 90에 도달하기 전까지, -3만큼 증가하면서.' 즉, 100부터 3씩 감소해서 90에 도달하기 전까지의 모든 수가 됩니다. 100, 97, 94, 91이 되겠네요. 어렵지 않죠?

파이썬에서 이렇게 범위를 표현할 때 중요한 점은 시작값은 포함하고, 종료값은 포함하지 않는다는 점입니다. 파이썬의 독특한 특징이지요.

 궁금해요! range 안에는 꼭 3개의 숫자를 써야 하나요?

---

range() 안에는 꼭 3개의 숫자만 써야 하는 건 아닙니다. 깔끔한 코드를 위해 값을 생략하면 생략된 값은 자동으로 기본값이 입력됩니다. range()의 기본값은 다음과 같습니다.

range (□, ▲, ☆)
기본값: 0   기본값: 1

예시	의미	범위
range(3, 8) ☆을 생략	range(3, 8, 1)	3, 4, 5, 6, 7
range(5) □,☆을 생략	range(0, 5, 1)	0, 1, 2, 3, 4

 코딩 실습 09   반복문 for

▶ 동영상 강의

문제 입력한 숫자만큼 식권이 출력되는 식권 자판기를 만들려고 합니다. 반복문 for를 사용해
코드를 작성해 보세요.

```
전체식권수 = int(input('식권이 몇 장 필요한가요?'))

for 출력식권 in range(1, 전체식권수 + 1):
    print('[식권] 번호:', 출력식권)
```

결과 [Run] 버튼을 누르면 다음과 같이 질문이 나옵니다.

출력 결과

식권이 몇 장 필요한가요?

여러분이 원하는 숫자를 자유롭게 입력해 보세요. 예를 들어 3을 입력하면 다음과 같이 식권 3장
이 출력됩니다.

출력 결과

식권이 몇 장 필요한가요? 3
[식권] 번호: 1
[식권] 번호: 2
[식권] 번호: 3

03-6

반복문 ② 반복문 속 반복문

조건문에서 if 안에 if를 넣었던 것처럼 반복문도 반복문 안에 반복문을 넣을 수 있습니다. 어떤 경우에 반복문 안의 반복문이 필요할까요?

아래와 같이 구구단을 출력한다고 생각해 보겠습니다.

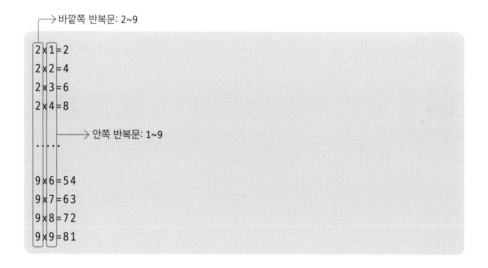

위 결과에서 어떤 요소가 변하면서 반복되고 있나요? 네 맞아요! 2단에서 9단까지 1씩 더해지면서 반복하고 있어요. 또한 하나의 단 안에서도 1~9까지 곱해지는 수가 반복하고 있습니다! 즉, 반복문 안의 반복문으로 위와 같은 결과를 만들 수 있습니다.

정답 코드를 먼저 공개할게요.

```
출력값 =''

for 앞수 in range(2, 10):
  for 뒷수 in range(1, 10):
    지금값 = '{}x{}={}\n'.format(앞수, 뒷수, 앞수 * 뒷수)
    출력값 = 출력값 + 지금값

print(출력값)
```

갑자기 너무 복잡한 코드가 나온 것 같나요? 걱정 마세요. 모두 우리가 배운 내용입니다. 한 줄씩 함께 읽어보겠습니다.

1단계 한 줄씩 코드 읽기

첫 번째 줄부터 읽어볼까요? '**출력값**'이라는 메모리 그릇을 만들었는데 내용 없는 빈 문자열로 만들었습니다. 이 메모리 그릇에 우리가 만든 구구단 결과가 담길 거예요.

```
출력값 =''
```

다음 줄에 주인공인 반복문 속 반복문이 등장했습니다. 첫 번째 반복문이 보이고, 두 번째 반복문이 보이네요. 두 번째 반복문이 들여쓰기로 안쪽에 있으니 첫 번째 반복문 안에 포함된 반복문이라는 걸 알 수 있습니다. 포함관계를 표현하기 위해서 편의상 첫 번째 반복문을 '바깥쪽 반복문', 두 번째 반복문을 '안쪽 반복문'이라고 부르겠습니다.

```
출력값 =''

for 앞수 in range(2, 10):      ──→ 바깥쪽 반복문: 2~9
    for 뒷수 in range(1, 10):  ──→ 안쪽 반복문: 1~9
```

반복문 속 반복문이 실행되는 규칙은 다음과 같습니다.

① 바깥쪽 반복문을 시작합니다. (앞수: 2)

② 안쪽 반복문을 모두 실행합니다. (뒷수: 1~9)

③ 바깥쪽 반복문의 두 번째 순서를 진행합니다. (앞수: 3)

④ 안쪽 반복문을 모두 실행합니다. (뒷수: 1~9)

…

즉, 바깥쪽 반복문이 실행된 다음 안쪽 반복문이 실행되는데, 다시 바깥쪽 반복문의 다음 순서로 가려면 안쪽 반복문이 완전히 끝나야 합니다.

그럼 이렇게 반복문 속 반복문이 진행되는 동안 어떤 결과가 기록될까요? 105쪽에서 배운 .format()을 이용해서 구구단을 출력하는 틀을 만들었습니다.

```
출력값 =''

for 앞수 in range(2, 10):
  for 뒷수 in range(1, 10):
    지금값 = '{}x{}={}'.format(앞수, 뒷수, 앞수 * 뒷수)
```

예를 들어 가장 처음에는 '앞수'가 2이고, '뒷수'가 1이기 때문에, '2x1=2'라는 문자열이 변수 '지금값'에 담깁니다.

그런데 그 다음 줄이 독특합니다. '출력값'을 다시 '출력값'에 넣어주었네요. 이때 등호(=)의 의미가 오른쪽의 값을 왼쪽으로 넣어주는 의미라고 앞에서 배웠지요?

```
출력값 =''  ⟋◠➔ 맨 처음 '출력값'

for 앞수 in range(2, 10):
  for 뒷수 in range(1, 10):
    지금값 = '{}x{}={}'.format(앞수, 뒷수, 앞수 * 뒷수)
    출력값 = 출력값 + 지금값
```

등호(=)의 오른쪽을 먼저 실행하고, 그 값을 왼쪽에 넣어주는 코드입니다. 따라서 이 코드의 의미는 **'출력값 + 지금값'**을 먼저 실행하고, 그 값을 **'출력값'**에 덮어쓰라는 뜻입니다. 맨 처음에는 '출력값'에 빈 문자열(' ')이 있었죠? 여기에 '2x1=2' 문자열이 더해집니다. 반복문을 반복하며 차례로 '2x2=4', '2x3=6', ..., '9x9=81' 문자열이 '출력값'에 추가로 담기게 됩니다.

마지막으로 '출력값'을 print()로 출력하면 누적된 구구단 값이 한번에 쫙 나오게 됩니다.

```
출력값 =''

for 앞수 in range(2, 10):
    for 뒷수 in range(1, 10):
        지금값 = '{}x{}={}'.format(앞수, 뒷수, 앞수 * 뒷수)
        출력값 = 출력값 + 지금값

print(출력값)
```

2단계 실행 결과 따라가 보기

결과가 잘 출력되는지 반복문을 따라가 볼까요?

① 앞수: 2, 뒷수: 1
가장 먼저 '앞수'에 2가 들어가며 바깥쪽 반복문이 시작됩니다. 다음은 안쪽 반복문 차례입니다. '뒷수'에 시작값 1이 들어갑니다. '출력값' 메모리 그릇을 한번 들여다볼까요? (하나의 메모리 그릇을 사각형으로 표현하였습니다.)

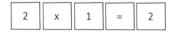

② 앞수: 2, 뒷수: 2
이제 어디로 갈까요? '앞수'는 그대로 2인 상태로, '뒷수'만 다음 수인 2로 변경됩니다. 그 결과 '2x2=4'라는 문자열이 '지금값' 메모리 그릇에 저장됩니다. 그리고 '출력값' 메모리 그릇에는 앞서 저장된 '2x1=2'에 이번에 만들어진

146

'2x2=4'까지 더해집니다.

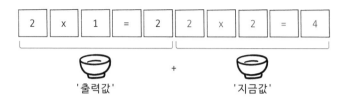

③ 앞수: 2, 뒷수: 3

같은 방법으로 안쪽 반복문의 다음 순서를 진행하면 '**출력값**'은 다음과 같이 수정됩니다.

이렇게 계속해서 '**뒷수**'가 9까지 반복되면 안쪽 반복문이 끝나고, 이번에는 '**앞수**'가 3으로 변경되어 동일한 안쪽 반복문을 수행합니다.

모든 반복을 마친 '**출력값**'의 결과를 확인해 볼까요?

출력 결과

2x1=22x2=42x3=62x4=82x5=102x6=122x7=142x8=162x9=183x1=33x2=63x3=93x4=
123x5=153x6=183x7=213x8=243x9=274x1=44x2=84x3=124x4=164x5=204x6=244x7
=284x8=324x9=365x1=55x2=105x3=155x4=205x5=255x6=305x7=355x8=405x9=456
x1=66x2=126x3=186x4=246x5=306x6=366x7=426x8=486x9=547x1=77x2=147x3=217x4=
287x5=357x6=427x7=497x8=567x9=638x1=88x2=168x3=248x4=328x5=408x6=488x7=
568x8=648x9=729x1=99x2=189x3=279x4=369x5=459x6=549x7=639x8=729x9=81

한 줄씩
끊어서
보고 싶어!

구구단 2단에서 9단까지 출력되었습니다. 그런데 죽 연결되어 있으니 보기가 영 좋지 않네요. 한 줄씩 줄을 띄우면 좋을 텐데 어떻게 하면 될까요?

3단계 '줄넘김' 문자 넣기

'줄넘김' 문자 \n을 사용하면 해결됩니다.

모양이 낯설고 이상해 보이나요? 눈에 보이지는 않는데 글자로 표현을 해야 하니 이렇게 '절대로 사용하지 않을 것 같은 글자의 조합'으로 약속한 결과입니다. 특수문자 백슬래시(\) 다음에 알파벳 한 글자를 붙인 것이지요. 이렇게 만든 '줄넘김' 문자 \n을 사용하면 다음 줄로 넘길 수 있습니다.

'줄넘김' 문자 \n을 사용해 코드를 수정해 보겠습니다.

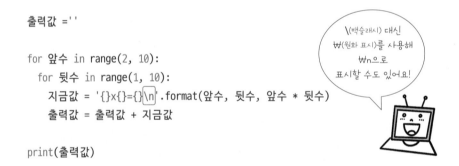

```
출력값 =''

for 앞수 in range(2, 10):
  for 뒷수 in range(1, 10):
    지금값 = '{}x{}={}\n'.format(앞수, 뒷수, 앞수 * 뒷수)
    출력값 = 출력값 + 지금값

print(출력값)
```

\(백슬래시) 대신 ₩(원화 표시)를 사용해 ₩n으로 표시할 수도 있어요!

이렇게 수정하면 출력값 메모리 그릇에는 아래와 같이 저장됩니다.

결과도 짠! 보기 좋게 바뀝니다.

```
2x1=2
2x2=4
2x3=6
2x4=8

.....

9x6=54
9x7=63
9x8=72
9x9=81
```

 궁금해요! 줄넘김 문자에서 \는 무엇을 의미하나요?

코딩에서는 줄넘김 같은 눈에 보이지 않는 문자들을 '\'(백슬래시)로 시작하는 눈에 보이는 글자로 표현합니다. 아래 표현들 중 '줄넘김'을 의미하는 '\n'을 가장 많이 사용합니다. 다른 표현들은 참고로만 알고 있으면 됩니다.

표현		실제 의미
영문 자판	한글 자판	
\b	₩b	backspace(뒤로 가기)
\n	₩n	newline(다음 줄로 넘기기)
\s	₩s	space(한 칸 띄우기)
\t	₩t	tab(일정 간격 띄우기)

이렇게 '\'로 시작하는 글자는 비록 2개의 문자로 표현되더라도, 하나의 문자로 인식합니다. 왜냐하면 눈에 보이지 않는 글자를 눈에 보이게 하기 위해서 억지로 만들어낸 표현이기 때문입니다. 또한 영문 자판의 '\'(백슬래시)는 한글 자판에서 '₩'(원화 표시)로 표현되는데, 같은 의미입니다.

 코딩 실습 10　반복문 안의 반복문

▶ 동영상 강의

문제 입력한 두 숫자 사이의 구구단을 출력하는 반복문 속 반복문 코드를 작성해 보세요.

```
시작단 = int(input('구구단 시작 단을 입력하세요(1~9):'))
끝단 = int(input('구구단 끝 단을 입력하세요(1~9):'))

출력값 = ''

for 앞수 in range(시작단, 끝단+1):
    for 뒷수 in range(1, 10):
        지금값 = '{}x{}={}\n'.format(앞수, 뒷수, 앞수*뒷수)
        출력값 = 출력값 + 지금값

print(출력값)
```

결과 [Run] 버튼을 누르면 다음과 같이 질문이 나옵니다. 출력하고 싶은 구구단의 시작 단을 입력하세요. 저는 3을 입력할게요.

```
출력 결과

구구단 시작 단을 입력하세요(1~9):3
```

이번엔 끝 단을 물어봅니다. 임의로 5를 입력하세요.

```
출력 결과

구구단 시작 단을 입력하세요(1~9):3
구구단 끝 단을 입력하세요(1~9):5
```

그럼 구구단 3단부터 5단까지가 출력됩니다.

출력 결과
3x1=3
3x2=6
3x3=9
...
5x7=35
5x8=40
5x9=45

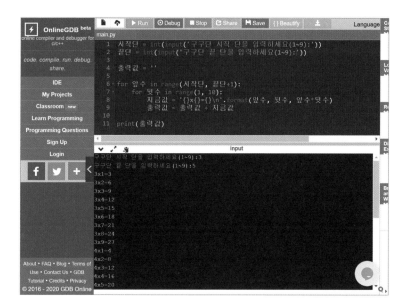

03-7

조건문 + 반복문 함께 쓰기

[코딩 실습 10]의 결과를 다시 보겠습니다. 아래는 구구단 3단부터 4단까지 출력된 결과입니다.

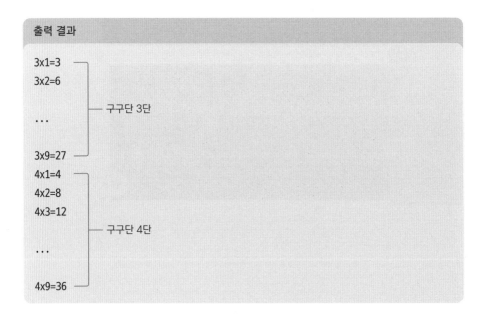

구구단 3단과 4단 사이에 다음과 같이 줄넘김과 함께 별표시 줄이 출력되면 구분하기 좋지 않을까요?

어떻게 하면 이런 결과가 나오게 만들 수 있을까요? 함께 생각해 보겠습니다.

1단계 별표시 줄 추가할 위치 찾기

우선 각 단의 마지막과 다음 단 첫 번째 구구단 사이에 별표시 줄을 추가해야겠죠? 이때가 언제일까요? 바로, 안쪽 반복문을 마친 후 바깥쪽 반복문으로 넘어가기 바로 전입니다.

```
시작단 = int(input('구구단 시작 단을 입력하세요(1~9):'))
끝단 = int(input('구구단 끝 단을 입력하세요(1~9):'))

출력값 = ''
```
```
for 앞수 in range(시작단, 끝단 + 1):
    for 뒷수 in range(1, 10):
        지금값 = '{}x{}={}\n'.format(앞수, 뒷수, 앞수 * 뒷수)
        출력값 = 출력값 + 지금값
```
← 코드를 추가할
위치

```
print(출력값)
```

어느 부분인지 보이나요? 화살표로 표시한 곳에 별표시를 출력하는 아래 코드를
추가하면 됩니다.

```
출력값 = 출력값 + '**********\n'
```

2단계 출력하기

별표시 줄을 추가한 전체 코드는 이렇습니다. 출력해 볼까요?

```
시작단 = int(input('구구단 시작 단을 입력하세요(1~9):'))
끝단 = int(input('구구단 끝 단을 입력하세요(1~9):'))

출력값 = ''
for 앞수 in range(시작단, 끝단 + 1):
    for 뒷수 in range(1, 10):
        지금값 = '{}x{}={}\n'.format(앞수, 뒷수, 앞수 * 뒷수)
        출력값 = 출력값 + 지금값
```

```
출력값 = 출력값 + '*********\n'
```

print(출력값)

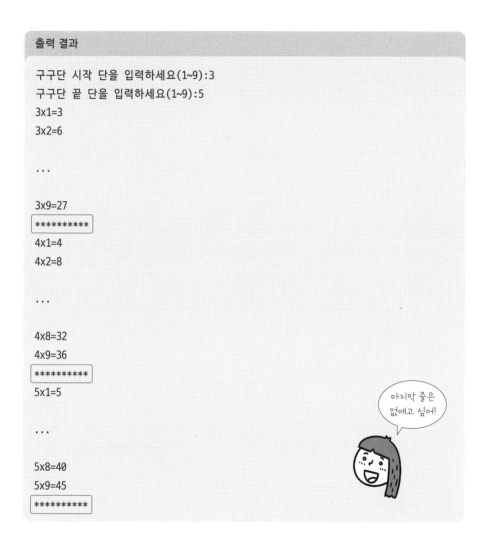

구구단 시작 단을 입력하세요(1~9):3
구구단 끝 단을 입력하세요(1~9):5
3x1=3
3x2=6

...

3x9=27
```
*********
```
4x1=4
4x2=8

...

4x8=32
4x9=36
```
*********
```
5x1=5

...

5x8=40
5x9=45
```
*********
```

마지막 줄은
없애고 싶어!

각 단 사이에 별표시 줄이 잘 출력되었습니다. 그런데 원래는 각 단 사이에만 별표시 줄을 넣으려고 했는데, 가장 마지막에도 추가되었네요! 마지막의 별표시 줄은 어떻게 없앨 수 있을까요?

3단계 조건문 추가하기

가장 마지막 별표시 줄은 언제 출력될까요? 바깥쪽 반복문의 마지막 반복('앞수'가 '끝단'일 때)이 실행되는 순간이겠죠? 바로 아래와 같은 순간일 것입니다.

```
시작단 = int(input('구구단 시작 단을 입력하세요(1~9):'))
끝단 = int(input('구구단 끝 단을 입력하세요(1~9):'))

출력값 = ''
for 앞수 in range(시작단, 끝단 + 1):
    for 뒷수 in range(1, 10):
        지금값 = '{}x{}={}\n'.format(앞수, 뒷수, 앞수 * 뒷수)
        출력값 = 출력값 + 지금값

    출력값 = 출력값 + '**********\n'        ← 앞수가
                                              끝단일 때
print(출력값)
```

'~일 때'는 앞에서 배운 조건문입니다. 따라서 앞에서 추가한 별표시 출력 코드를 조건문으로 묶으면 됩니다.

```
시작단 = int(input('구구단 시작 단을 입력하세요(1~9):'))
끝단 = int(input('구구단 끝 단을 입력하세요(1~9):'))

출력값 = ''
for 앞수 in range(시작단, 끝단 + 1):
    for 뒷수 in range(1, 10):
        지금값 = '{}x{}={}\n'.format(앞수, 뒷수, 앞수 * 뒷수)
        출력값 = 출력값 + 지금값
```

```
    if 앞수 == 끝단:

    else:
        출력값 = 출력값 + '*********\n'
```

```
print(출력값)
```

추가한 코드가 어떤 의미인지 이해가 되나요? 바깥쪽 반복문 변수인 '**앞수**'가 '**끝단**'과 같을 때는 아무것도 하지 않고, '**끝단**'과 같지 않을 경우에만 별표시 줄을 출력하라는 뜻입니다.

그런데 이 상태로 실행하면 오류가 발생합니다. '아무것도 하지 않는다'도 하나의 명령인데, 이 코드가 적혀 있지 않기 때문이에요. '아무것도 하지 않는다'는 의미의 명령어 **pass**를 추가해야 합니다.

```
시작단 = int(input('구구단 시작 단을 입력하세요(1~9):'))
끝단 = int(input('구구단 끝 단을 입력하세요(1~9):'))

출력값 = ''
for 앞수 in range(시작단, 끝단 + 1):
    for 뒷수 in range(1, 10):
        지금값 = '{}x{}={}\n'.format(앞수, 뒷수, 앞수 * 뒷수)
```

```
        출력값 = 출력값 + 지금값

    if 앞수 == 끝단:
        pass
    else:
        출력값 = 출력값 + '*********\n'

print(출력값)
```

물론 아래와 같이 '앞수'와 '끝단'이 같지 않은 경우에만 별표시 줄이 출력되도록 코드를 작성할 수도 있습니다. 같은 내용이라도 코딩하는 사람에 따라 표현이 다를 수 있다는 것이 코딩의 매력이니까요.

```
시작단 = int(input('구구단 시작 단을 입력하세요(1~9):'))
끝단 = int(input('구구단 끝 단을 입력하세요(1~9):'))

출력값 = ''
for 앞수 in range(시작단, 끝단 + 1):
    for 뒷수 in range(1, 10):
        지금값 = '{}x{}={}\n'.format(앞수, 뒷수, 앞수 * 뒷수)
        출력값 = 출력값 + 지금값

    if 앞수 != 끝단:
        출력값 = 출력값 + '*********\n'

print(출력값)
```

이렇게 표현할 수도 있구나!

4단계 줄임 표현

코딩별에서는 반복되는 표현을 싫어합니다. 그래서 반복문에서 자주 등장하는 다음 코드도 줄여서 더 간편하게 바꿨죠!

```
출력값 = 출력값 + '**********\n'
```

⬇

```
출력값 += '**********\n'
```

반복되는 '**출력값**'을 지우고 +와 =를 붙여버렸어요. 훨씬 간편하죠? 이 줄임 표현으로 코드를 다시 작성하면 다음과 같습니다.

```
시작단 = int(input('구구단 시작 단을 입력하세요(1~9):'))
끝단 = int(input('구구단 끝 단을 입력하세요(1~9):'))

출력값 = ''
for 앞수 in range(시작단, 끝단 + 1):
    for 뒷수 in range(1, 10):
        지금값 = '{}x{}={}\n'.format(앞수, 뒷수, 앞수 * 뒷수)
        출력값 += 지금값

    if 앞수 != 끝단:
        출력값 += '**********\n'

print(출력값)
```

반복문과 조건문을 어떻게, 왜 함께 쓰는지 단계별로 차근차근 살펴보았습니다. 프로그래머들이 어떤 흐름으로 생각하며 코드를 작성하는지 조금은 이해가 되었지요?

궁금해요! 흐름을 끊는 명령어 break, continue

반복문과 조건문에서 자주 등장하는 명령어 두 개만 더 알아볼까요? '정지!'를 의미하는 break와
'다음!'을 의미하는 continue입니다.

break	반복문 자체를 중지합니다.
continue	반복문은 유지하되, 현재 반복을 생략하고 다음 반복으로 넘어갑니다.

아래는 0부터 3까지 출력하는 단순한 반복문입니다.

```
for X in range(4):
    print(X)
```

여기에서 continue를 사용해 2만 출력하지 않도록 코드를 수정하겠습니다.

```
for X in range(4):
    if X == 2:
        continue
    print(X)
```

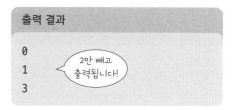

같은 코드에서 continue 대신에 break로 변경하면 어떤 결과가 나타날까요?

```
for X in range(4):
    if X == 2:
        break
    print(X)
```

2부터 쭉 출력되지 않네요! 네 그렇습니다. continue는 continue 다음 문장을 실행하지 않고 다음
순서로 넘어가지만, break는 반복문 자체를 완전히 종료합니다.
코드의 흐름을 끊어버리는 두 명령어 break와 continue의 차이점이 이해되나요?

궁금해요! '참/거짓형'과 무한루프

앞에서 배운 if와 while 뒤에 붙는 내용은 결국 참 또는 거짓으로 판별됩니다. 그래서 다음과 같이 '참/거짓형'(0 또는 1만 저장할 수 있는 자료형)으로도 표현할 수 있습니다.

피자가게 = `True`

```
if 피자가게:
    print('피자가게가 열렸습니다.')
```

'참/거짓형'을 사용한 조건문

```
while(True):
    print('무한루프입니다.')
```

'참/거짓형'을 사용한 반복문

왼쪽 코드에서 if의 조건은 'OO보다 큰 경우'와 같은 형태가 아니라, '피자가게'라는 변수네요! 그 위에 변수 '피자가게'에 참(True)이라는 값을 넣어두었기 때문에 오류 없이 실행됩니다.

오른쪽 코드에서 반복문의 조건은 언제나 참(True)입니다. 즉, 반복문이 끝없이 반복되는 것이죠. 이러한 반복문을 '무한루프'라고 합니다. 사용하는 앱 중에서 간혹 먹통이 될 때가 있죠? 대부분 무한루프에 빠진 경우입니다. 무한루프는 아래와 같이 반복의 횟수가 정확하지 않은 경우, 앞에서 배운 break와 함께 많이 사용됩니다.

```
while(True):          무한루프 시작!
    듣고싶은말 = input('내가 듣고 싶은 말을 하세요:')

    if (듣고싶은말 == '당신은 코딩 천재'):
        print('감사합니다.')
        break

    print('제가 듣고 싶은 말이 아닙니다.')
```

위 코드를 실행하면 '당신은 코딩 천재'라고 입력할 때까지 '내가 듣고 싶은 말을 하세요:'라고 무한히 반복해서 물어봅니다. '당신은 코딩 천재'라고 입력하면 break가 실행되어 반복문이 종료되지요.

코딩 실습 11 조건문 if와 반복문 for

문제 2단부터 9단까지 구구단을 출력하려고 합니다. 각 단 사이에만 구분선을 원하는 모양으로 넣을 수 있는 코드를 작성해 보세요.

```
줄스타일 = input('각 단을 구분하는 줄 모양을 입력하세요:')
```
↘→ 사용자에게 입력받아요!
```
출력값 = ''

for 앞수 in range(2, 10):
    for 뒷수 in range(1, 10):
        지금값 = '{}x{}={}\n'.format(앞수, 뒷수, 앞수 * 뒷수)
        출력값 += 지금값

    if 앞수 == 9:
        pass
    else:
                    ↗→ 입력된 문자열을 출력
        출력값 += 줄스타일 + '\n'

print(출력값)
```

결과 [Run]을 누르면 다음과 같이 줄 모양을 입력하라는 문구가 나옵니다. 여러분이 넣고 싶은 말을 입력하고 Enter를 눌러보세요.

출력 결과

각 단을 구분하는 줄 모양을 입력하세요:첫코딩 첫코딩

그럼 입력한 문자로 구구단의 각 단이 구분되어 출력됩니다.

출력 결과

각 단을 구분하는 줄 모양을 입력하세요:첫코딩 첫코딩
2x1=2
2x2=4

. . .

2x9=18
첫코딩 첫코딩
3x1=3

. . .

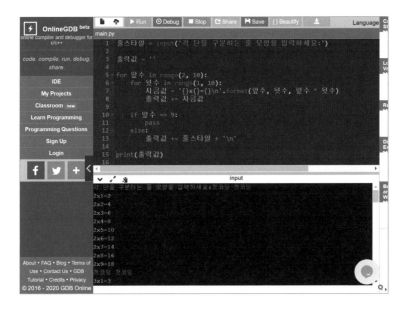

03-8

내 코드를 설명해 줄게
— 코멘트(주석)

인간을 망각의 동물이라고 했나요? 가끔은 내가 작업했던 코딩 내용도 나중에 보면 기억이 안 나고, 로직이 이해가 안 될 때가 있습니다. 다른 사람이 작성한 코드를 이해할 때는 더 힘들겠죠? 프로그래밍 언어를 처음 개발한 분들도 이런 점이 아쉬웠던 것 같습니다.

코딩에 관여하지 않는 이야기 코너: 코멘트

그래서 코드에 영향을 미치지 않는 '이런저런 이야기'를 코드에 추가할 수 있게 하였습니다. 이 공간을 우리말로는 어려운 한자어인 '주석'이라고 부르는데, 요즘은 **코멘트**comment라는 단어를 더 많이 사용합니다(이 책에서는 주석이라는 단어 대신 코멘트라는 단어를 사용하겠습니다).

다음 조건문에 코멘트를 한번 추가해 보겠습니다.

파이썬에서는 '#'(샵)을 입력하면, 그 다음에 입력하는 내용은 프로그램의 실행에 아무런 영향을 미치지 않는 코멘트가 됩니다.

```
# 4보다 작은 경우에만 줄넘김을 붙임       코멘트로 작성하면
if a < 4:                              하나의 색으로 입력됩니다!
    출력문 += '\n' # 줄넘김 추가
```

간혹 설명을 길게 하고 싶을 때도 있죠? 이럴 때는 아래와 같이 따옴표(')를 3번 연속해서 입력한 다음 코멘트를 입력하고 마지막에 다시 따옴표(')를 3번 연속해서 입력하면 됩니다.

```
''' 4보다 작은 경우에만 줄넘김을 붙입니다.
즉 줄번호가 1, 2, 3일 때만 줄넘김 부호를 붙입니다. '''

if a < 4:
    출력문 += '\n' # 줄넘김 추가
```

정말 다양한 코멘트 기호

코멘트를 표시하는 기호는 프로그래밍 언어마다 다릅니다. 앞서 눈에 보이지 않는 문자를 표현하기 위해서 '\'(백슬래시)를 사용한 것과 마찬가지 개념으로 '코멘트'를 추가할 때도 잘 사용하지 않는 문자를 활용합니다. 대표적인 기호로는 '/'(슬래시), '#'(샵), ''(작은따옴표)가 있습니다. 컴파일이 진행되는 동안 이러한 **코멘트 표시 기호를 만나면, 컴파일러는 해당 문장을 '무시'합니다.** 프로그래밍 언어를 만든 사람들의 고민과 번뜩이는 아이디어가 느껴지나요?

 **코딩 실습 12 코멘트 넣기**

▶ 동영상 강의

문제 아래 코드를 입력하고 자유롭게 코멘트 내용을 적어보세요! 한 줄에는 '#', 여러 줄에는 ' ' ' 기호를 사용하면 됩니다.

```
'''
식권수를 입력받은 다음 입력받은 숫자만큼
식권을 다음 형식으로 출력하는 프로그램
   [식권] # 번호
'''
```

```
식권수 = int(input('식권이 몇 장 필요한가요?'))  # 식권 개수 입력

for 출력된식권 in range(식권수):  # 0 ~ 식권수-1 출력
    print('[식권] #', 출력된식권+1)
```

결과 코드를 입력하고 위쪽 [Run] 버튼을 누르면 코멘트와 상관없이 정상적으로 실행됩니다.

출력 결과

```
식권이 몇 장 필요한가요?3
[식권] # 1
[식권] # 2
[식권] # 3
```

03-9

연결된 자료형의 특징 ①
키워드 in

지금까지 조건문과 반복문을 사용하는 방법을 살펴보았습니다. 이번에는 문자열과 같이 메모리 그릇이 연결된 자료형에만 사용할 수 있는 키워드 in을 알아보겠습니다.

파이썬의 in 키워드

우선 in의 뜻부터 알아볼까요? '~안에'라는 의미입니다.

in
1. (지역 공간 내의) …에
2. (무엇의 안에 들어가거나 에워싸여) …에

코드에서 in 키워드를 이해하기 전에, 우선 문자열 메모리 그릇을 다시 생각해 보겠습니다.

인사 = '안녕하세요'

문자열 메모리 그릇은 특징상 하나의 메모리 그릇이 아니라 여러 개의 메모리 그릇이 연결된 구조로 되어 있습니다. 그럼 아래와 같은 질문을 생각해 보겠습니다.

변수 '인사' 안에 '녕'이라는 값이 들어가 있는 메모리 그릇이 있나요?

정답은 '예'입니다. 위 그림만 봐도 쉽게 대답할 수 있겠죠? 그럼 아래의 경우를 보겠습니다.

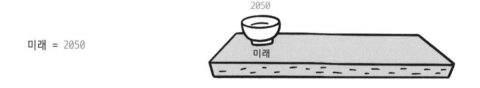

미래 = 2050

2050이라는 숫자가 변수 '미래'에 저장되어 있습니다. 정수형이니 당연히 하나의 메모리 그릇에 저장되었겠죠? 다시 질문하겠습니다.

변수 '미래' 안에 5라는 값이 들어가 있는 메모리 그릇이 있나요?

정답은 '아니요'입니다. 2050은 문자열처럼 2, 0, 5, 0으로 저장되는 게 아니라 하나의 메모리 그릇에 2050으로 저장되기 때문입니다.

첫 번째 질문은 조건문과 키워드 in을 사용해 다음과 같이 코드로 작성할 수 있습니다.

```
인사 = '안녕하세요'

if '녕' in 인사:
    print('있어요')
else:
    print('없어요')
```

키워드 in을 사용한 조건문

변수 '인사'에 '녕'이라는 값을 가진 메모리 그릇이 있는지 물어보는 조건문입니다. 결과는 '있어요'가 나오겠죠?

같은 방법으로 아래와 같은 반복문도 가능합니다.

```
인사 = '안녕하세요'

for 단어하나 in 인사:
    print(단어하나)
```

키워드 in을 사용한 반복문

출력 결과
안 녕 하 세 요

이처럼 파이썬은 메모리 그릇이 여러 개 연결된 자료가 담긴 변수일 경우 in 키워드를 이용해서 메모리 그릇 하나하나의 값을 부를 수 있습니다.

문제 임의의 글을 입력받은 다음 빈칸을 제외한 글자 수를 세고, 글자 수만큼 입력받은 글을 복사해서 출력하는 코드를 작성해 보세요.

```
문장 = input('아무 글이나 입력하세요:')
글자수 = 0

for 한글자 in 문장:
    if 한글자 != ' ':     ── 빈칸을 제외한 글자 수를 세는 코드
        글자수 += 1

print(문장 * 글자수)
```

결과 [Run] 버튼을 누르면 다음과 같이 '아무 글이나 입력하세요:'라는 글이 나옵니다. 빈칸을 포함한 아무 글자나 입력해 보세요.

> **출력 결과**
>
> 아무 글이나 입력하세요:첫 코딩!

예를 들어 '첫 코딩!'을 입력하면 빈칸을 빼고 4글자이기 때문에 '첫 코딩!'이 4번 복사된 글이 출력됩니다.

> **출력 결과**
>
> 아무 글이나 입력하세요:첫 코딩!
> 첫 코딩!첫 코딩!첫 코딩!첫 코딩!

03-10

연결된 자료형의 특징 ②
리스트, 튜플, 딕셔너리, 집합

문자열 말고도 메모리 그릇이 연결된 자료형이 더 있습니다. 리스트, 튜플, 딕셔
너리가 바로 파이썬에서 사용되는 메모리 그릇이 연결된 또 다른 자료형입니다.

자료형	예시
리스트	성적 = [60, '결석', 60, 70]
튜플	성적 = (60, '결석', 60, 70)
딕셔너리	성적 = {'승준':60, '은희':'결석', '태호':60, '지영':70}

리스트, 튜플, 딕셔너리의 특징은 뒤에서 살펴보기로 하고, 일단 코딩에서 '메모
리 묶음'으로 된 자료형이 필요한 이유부터 살펴보겠습니다.

묶음이 필요한 이유

우리가 지금까지 배운 방법으로 학생 5명의 성적을 각각 변수에 담는 코드는 다음과 같습니다.

성적1 = 55
성적2 = 95
성적3 = 80
성적4 = 100
성적5 = 75

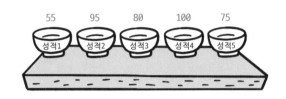

모두 '성적'의 값인데 변수가 불필요하게 많아지네요! 이럴 때 다음과 같이 묶으면 어떨까요?

성적 = [55, 95, 80, 100, 75]

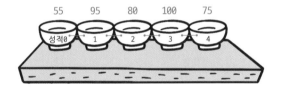

앞 코드에서는 '성적1', '성적2'가 아무 관련이 없었는데, 묶음을 사용하니 '성적'이라는 이름으로 그룹이 지어졌습니다. 이러한 묶음을 코딩에서는 '배열Array'이라고 합니다. 앞서 배운 문자열의 그릇 번호처럼 인덱스가 0부터 시작하죠.

하나의 특성으로 묶인다는 건 알겠는데, 묶음이 필요한 이유가 느껴지지 않는다고요? 조금 더 긴 코드로 살펴보겠습니다. 다음 코드는 5개의 성적을 입력받고 입력된 값을 출력하는 코드입니다.

```
성적0 = float(input('0번 학생의 성적을 입력하세요: '))
성적1 = float(input('1번 학생의 성적을 입력하세요: '))
성적2 = float(input('2번 학생의 성적을 입력하세요: '))
성적3 = float(input('3번 학생의 성적을 입력하세요: '))
성적4 = float(input('4번 학생의 성적을 입력하세요: '))

print('--- 입력된 값 ---')
print('0번 학생의 성적: {}'.format(성적0))
print('1번 학생의 성적: {}'.format(성적1))
print('2번 학생의 성적: {}'.format(성적2))
print('3번 학생의 성적: {}'.format(성적3))
print('4번 학생의 성적: {}'.format(성적4))
```

나는 반복되는 코드를 좋아하지 않아!

같은 코드를 배열로 표현해 볼까요? 각각의 성적 변수를 만들지 않고 다음과 같이 대괄호 [,]로 묶은 후 반복문을 함께 사용하면 됩니다.

```
성적 = [0.0] * 5

for 번호 in range(5):
    성적[번호] = float(input('{}번 학생의 성적을 입력하세요: '.format(번호)))

print('--- 입력된 값 ---')

for 번호 in range(5):
    print('{}번 학생의 성적: {}'.format(번호, 성적[번호]))
```

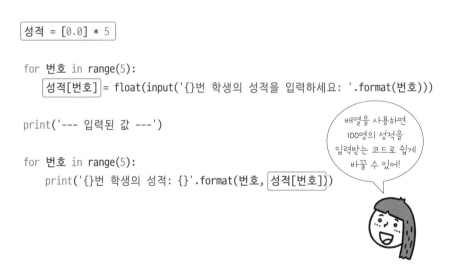

배열을 사용하면 100명의 성적을 입력받는 코드로 쉽게 바꿀 수 있어!

173

코드가 오히려 복잡한 것 같다고요? 입력받을 값이 많을 때는 이야기가 달라집니다. 만약 5명이 아니라 100명의 성적값을 입력받는다면 5를 100으로 고치기만 하면 되니까요! 아무리 수가 많아져도 코드의 길이가 변하지 않아요. 이렇듯 배열과 반복문을 결합해 코딩하면 굉장히 유용합니다.

파이썬에는 배열 대신 자료형 3총사가 있다!

그런데 파이썬에서는 '배열Array'이라는 용어를 사용하지 않습니다. 정확히 표현하면 '배열'이라는 용어를 사용하지 않고, 오히려 배열과 비슷한 자료형 3개를 만들어서 다른 이름으로 사용합니다. 그게 앞서 소개한 리스트, 튜플, 딕셔너리입니다. 하나씩 살펴볼까요?

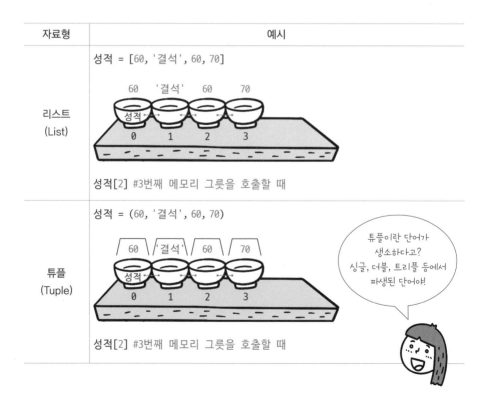

자료형	예시
리스트 (List)	성적 = [60, '결석', 60, 70] 성적[2] #3번째 메모리 그릇을 호출할 때
튜플 (Tuple)	성적 = (60, '결석', 60, 70) 성적[2] #3번째 메모리 그릇을 호출할 때

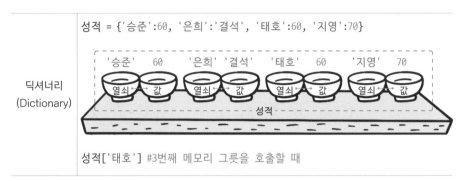

성적 = {'승준':60, '은희':'결석', '태호':60, '지영':70}

'승준' 60 '은희' '결석' '태호' 60 '지영' 70
열쇠 ← 값 열쇠 ← 값 열쇠 ← 값 열쇠 ← 값
성적

딕셔너리
(Dictionary)

성적['태호'] #3번째 메모리 그릇을 호출할 때

(입력된 자료의 형태에 따라 메모리 그릇의 크기와 형태가 달라지지만, 이번 예시에서는 자료형의 형태를 이해하기 위해서 동일한 크기의 그릇으로 표현했습니다)

자료형 3총사가 비슷한 듯 다르게 생겼죠? 변수를 선언할 때 리스트는 대괄호 [ ], 튜플은 소괄호 ( ), 딕셔너리는 중괄호 { }를 사용합니다. 반면 변수의 메모리 그릇을 호출할 때, 즉 인덱싱할 때는 모두 대괄호 [ ]를 사용합니다.

3가지 자료형의 특징을 더 자세히 알아보겠습니다.

① 리스트(List)와 튜플(Tuple)

우선 비슷하지만 다른, 리스트와 튜플의 특징을 알아보겠습니다. 두 자료형 모두 하나의 자료만 가져오는 인덱싱과 여러 자료를 가져오는 슬라이싱이 다 가능합니다. 하지만 인덱싱 후 값을 변경하는 건 리스트만 가능합니다. 즉 리스트는 선언 후에도 값을 자유롭게 수정할 수 있지만, 튜플은 수정할 수 없습니다. 예를 들어 아래와 같은 명령은 리스트에서는 실행이 되지만, 튜플에서는 실행되지 않습니다.

성적 = [60, '결석', 60, 70] #리스트
성적[2] = 95   OK!

성적 = (60, '결석', 60, 70) #튜플
성적[2] = 95   오류 발생!

두 자료형의 특징을 정리하면 다음과 같습니다.

	리스트	튜플
기호	대괄호 [ ]	소괄호 ( )
인덱싱	가능	가능
인덱싱 후 값 변경	가능	불가능
슬라이싱	가능	가능
in 키워드	가능	가능

② 딕셔너리(Dictionary)

딕셔너리는 말 그대로 사전과 같은 자료형입니다. 사전에 '단어'와 '뜻'이 있듯이 key(열쇠)와 value(열쇠에 해당하는 값)가 콜론(:) 기호로 묶여 있죠. 아래와 같이 콜론(:)의 왼쪽에는 key, 오른쪽에는 value를 입력합니다. key와 value에는 문자, 정수, 실수를 모두 담을 수 있습니다.

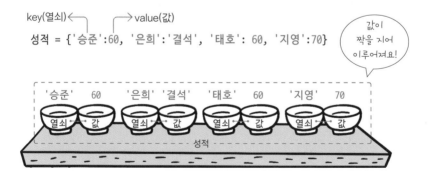

딕셔너리는 리스트, 튜플과 달리 숫자로 인덱싱하지 않고 **key**로 인덱싱을 합니다.
예를 들어 '태호'의 성적을 사용하고 싶다면 다음과 같이 부를 수 있습니다.

```
성적 = {'승준':60, '은희':'결석', '태호':60, '지영':70}
print(성적['태호'])
```

시퀀스(sequence) 자료형

지금까지 살펴본 자료형 중에서 문자열, 리스트, 튜플은 다음과 같이 메모리 그릇
을 길~게 연결한 형태입니다.

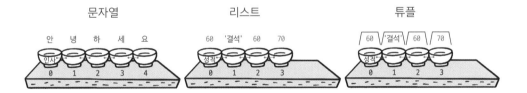

이렇게 메모리 그릇을 길게 연결한 형태의 자료형을 특별히 **시퀀스**sequence 자료
형이라고 합니다. 시퀀스의 뜻은 다음과 같습니다.

sequence

1. (일련의) 연속적인 사건들
2. (사건·행동 등의) 순서
3. (영화에서 연속성 있는 하나의 주제로 연결되는) 장면

연속된 사건, 순서를 의미하네요. 즉 순서가 있고, 여러 메모리 그릇이 연결된 문자열, 리스트, 튜플과 같은 자료형의 특징을 의미하는 단어입니다.

한편 딕셔너리는 여러 자료가 모인 자료형이지만, 하나의 쌍(key-value)과 다른 쌍이 연속적이지 않기 때문에 시퀀스 자료형이 아닙니다.

순서 없이 값을 담는 자료형: 집합(set)

딕셔너리 외에도 시퀀스가 아닌데 여러 개 값을 담는 자료형은 없을까요? 있습니다! 바로 **집합**(set) 자료형입니다. 집합(set) 자료형은 자료 사이에 순서도 없고, 중복된 값도 넣을 수 없습니다. 그리고 리스트 자료형을 통해서만 만들 수 있습니다. 이해가 되지 않는다고요? 아래 예시를 같이 보겠습니다.

```
구슬집합 = set(['파란구슬', '노란구슬', '파란구슬', '빨간구슬'])

for 내용물 in 구슬집합:
    print(내용물)
```

> 중복된 파란구슬 하나는 출력되지 않아!

출력 결과

```
노란구슬
빨간구슬
파란구슬
```

178

set()라는 함수 안에 리스트 자료형을 입력해 만들었습니다. 이렇게 하면 리스트 안에 있는 중복된 값을 다 없애고, 순서를 없앤 후, 집합 자료형이라는 새로운 형태로 저장됩니다. 그림으로 표현하면 다음과 같습니다.

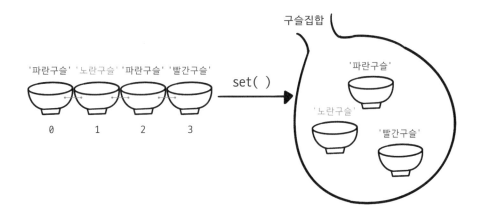

마치 값들을 손에 잡히는 대로 봉지 안에 넣은 것같이 순서가 없이 담깁니다. 그래서 in으로 변수 안의 값을 출력해 보면 순서 없이 마구잡이로 출력됩니다. 또한 순서가 있어야만 가능한 인덱싱, 슬라이싱도 집합 자료형에서는 불가능하죠.

 궁금해요! 리스트에서 사용하는 특이한 슬라이싱 [:]

슬라이싱은 여러 자료를 구간으로 잘라내 가져오는 것을 말합니다. 그런데 구간 설정 없이 콜론[:]만 사용하는 경우가 있습니다. 왜 이렇게 사용할까요?

먼저 아래 코드를 살펴보겠습니다.

```
점수A = [60, '결석', 60, 70]
점수B = 점수A

print(점수B[2])

점수A[2] = 100
print(점수B[2])
```

출력 결과

```
60
100
```

어떤 코드인지 읽을 수 있나요? '**점수A**'의 값을 받아서 '**점수B**' 변수를 만들었습니다. 그런 다음 '**점수B**'의 세 번째 값을 출력하자 60이 나왔습니다. 그런데 '**점수A**'의 세 번째 값을 100으로 바꿨 더니 '**점수B**'의 세 번째 값도 100이 되었습니다. 어떻게 된 일일까요?

이런 결과가 나오는 이유는 리스트의 경우 '=' 기호로 값을 대입하면 값들이 복사되는 것이 아니라 '참조'되기 때문입니다. 그래서 '**점수A**'의 값이 변경되면, '**점수B**'의 값도 변경되는 것입니다.

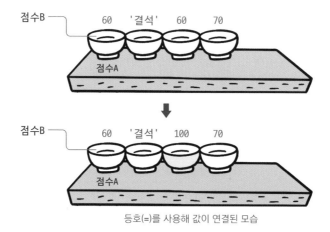

등호(=)를 사용해 값이 연결된 모습

180

그럼 리스트의 값을 복사하려면 어떻게 해야 할까요? 이럴 때는 다음과 같이 시작값과 종료값 없이 슬라이싱하면 됩니다. 이렇게 시작값과 종료값을 입력하지 않으면 맨 처음부터 맨 끝까지 슬라이싱 됩니다. 다음 코드를 보세요.

```
점수A = [60, '결석', 60, 70]
점수B = 점수A[:]

print(점수B[2])

점수A[2] = 100
print(점수B[2])
```

출력 결과

```
60
60
```

한 줄만 바꿨을 뿐인데 결과가 달라졌습니다. '**점수A**'의 값을 바꿔도 '**점수B**'의 값이 바뀌지 않습니다. 슬라이싱으로 '**점수A**'의 값이 '**점수B**'로 '참조'로 연결되지 않고 복사되었기 때문이에요!

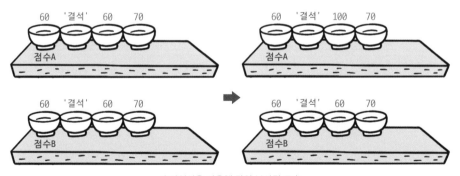

슬라이싱을 사용해 값이 복사된 모습

범위 없는 슬라이싱이 의미가 없을 것 같은데 꽤 큰 일을 하죠? 리스트에서는 슬라이싱을 이렇게 사용하기도 한답니다.

문제 1 리스트의 특성 이해하기

이번에는 특별히 리스트, 튜플, 딕셔너리, 집합 자료형의 특징을 이해하기 위해 4번의 실습을 연달아 해보겠습니다. 먼저 다음 코드를 입력하고 실행하면서 리스트의 특징을 살펴보세요.

① 변수 선언, 인덱싱하기

변수 '성적'에 4개의 값을 넣어보세요. 기호로 대괄호 [ ]를 사용했으니 리스트라는 걸 알겠지요? 또한 첫 번째 값의 번호가 0부터 시작하기 때문에 성적[1]을 출력하면 첫 번째 값이 아닌 두 번째 값 '결석'이 출력됩니다.

```
성적 = [60, '결석', 60, 70]

print(성적[1])
```

출력 결과
결석

② 키워드 in으로 값 출력

문자열과 마찬가지로 in을 사용해서 변수 '성적' 안의 모든 값을 출력할 수 있습니다.

```
성적 = [60, '결석', 60, 70]

for 안의값 in 성적:
    print(안의값)
```

출력 결과
60
결석
60
70

③ 인덱싱 후 값 수정하기

변수 '성적'의 네 번째 값도 90으로 변경할 수 있습니다.

```
성적 = [60, '결석', 60, 70]

성적[3] = 90
print(성적[3])
```

문제 2 튜플의 특성 이해하기

리스트 코드에서 대괄호 [ ]를 소괄호 ( )로 바꿔보세요. 리스트가 튜플로 바뀝니다.

```
성적 = (60, '결석', 60, 70)

print(성적[1])     인덱싱

for 안의값 in 성적:      키워드 in
    print(안의값)

성적[3] = 90     인덱싱 후 값 수정
print(성적[3])
```

오류 발생!
튜플은 값을
바꿀 수 없어요!

결과 리스트와 모든 결과가 동일한데, 마지막 '인덱싱 후 값을 수정하는 코드'에서 오류가 발생합니다. 리스트와 달리 튜플은 선언 후 값을 바꿀 수 없기 때문입니다.

집합의 특성 이해하기

앞서 입력한 튜플 코드에서 소괄호 ( )를 다시 대괄호 [ ]로 고치고, 집합을 의미하는 set( )로 감싸보세요. 집합 자료형으로 바뀝니다. [Run]을 누르면 처음부터 오류가 발생합니다! 집합 자료형에는 순서가 없기 때문이에요.

오른쪽과 같이 인덱스 번호를 사용하는 부분을 모두 코멘트로 처리해 보세요.

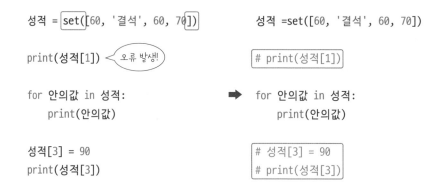

결과 문제가 되는 부분을 모두 코멘트로 처리하니 오류 메시지 없이 결과가 나옵니다. 정상적으로 실행된 부분은 키워드 in을 이용한 값 출력 부분이에요. 앗, 그런데 '성적'에 있는 값은 4개인데 3개 값만 출력되네요! 집합 자료형은 중복된 값을 하나로 생각하기 때문입니다.

출력 결과
60
결석
70

딕셔너리의 특성 이해하기

이번에는 기호를 중괄호 { }로 변경하고 성적 값에 해당하는 이름을 넣어보세요. 딕셔너리 자료형으로 바뀝니다. 인덱싱으로 값 하나를 출력해 보세요.

```
성적 = {'승준':60, '은희':'결석', '태호':60, '지영':70}

print(성적[1])
```

결과 오류가 발생했습니다. 딕셔너리는 인덱스 번호로 값을 불러오지 않기 때문입니다.

출력 결과

```
Traceback (most recent call last):
  File "main.py", line 3, in <module>
    print(성적[1])
KeyError: 1
```

인덱스 번호 대신에, [1]에 해당하는 key인 '은희'를 입력해 보세요. 키워드 in으로 변수 안의 값을 출력하는 코드도 추가합니다.

```
성적 = {'승준':60, '은희':'결석', '태호':60, '지영':70}

print(성적['은희'])
for 안의값 in 성적:
    print(안의값)
```

185

'은희'의 value인 '결석'이 가장 먼저 출력됩니다. 또한 in 키워드로 '성적'의 값들이 모두 잘 출력됩니다.

출력 결과
결석
은희
태호
지영
승준

마지막으로 반복문으로 딕셔너리의 값을 출력할 때, key가 아니라 value 값을 출력하고 싶다면 아래와 같이 수정하면 됩니다.

```
성적 ={'승준':60, '은희':'결석', '태호':60, '지영':70}

for 안의값 in 성적.values():
    print(안의값)
```

출력 결과
60
결석
60
70

리스트, 튜플, 딕셔너리, 집합 자료형의 특징이 이제 이해되나요? 비슷하지만 조금은 다른 형태로 메모리에 저장된다는 점, 선언하는 방식은 다르지만 사용하는 방식은 비슷하다는 점을 기억해 두면 됩니다.

03-11

파이썬이 코딩하기 쉬운 숨겨진 이유
— immutable, mutable

지금부터 배울 메모리 관련 내용은 꽤나 어려운 분야의 내용입니다. 이 책에서 설명한 내용 외에도 더 다양하고 심오한 이야기가 한가득이죠. 한정된 메모리를 관리하는 것이 프로그래밍을 하는 입장에서 중요하기 때문입니다. 지금 단계에서 깊이 있게 이해하기는 어렵겠지만 조금이라도 알아둔다면 좀 더 심화된 코딩을 할 때 큰 도움이 될 것입니다.

파이썬에 익숙해지면 immutable, mutable이라는 단어를 듣게 됩니다. 발음하기조차 어려운 이 단어는 무엇일까요? 여기에 초보자도 쉽게 코딩할 수 있는 파이썬의 독특한 특성이 담겨 있습니다.

immutable과 mutable 단어 이해하기

일단 어려운 단어 풀이부터 해보겠습니다. mutable('뮤터블'이라고 읽습니다)을 사전에서 찾아봤습니다.

mutable

1. 변할 수 있는

[라틴어] mutare(이 단어는 change의 어원과도 같음)

'변한다'라는 뜻의 change와 어원이 같네요. 즉 mutable을 해석하면 '변할 수 있는'입니다. immutable은 반대로 '변할 수 없는'이라는 뜻입니다.

값을 바꿀 수 있는 자료형 / 바꿀 수 없는 자료형

무엇이 변할 수 있다는 걸까요? 바로 파이썬에서 메모리 그릇의 값을 변경할 수 있다는 것을 의미합니다. 즉 mutable 자료형은 메모리 그릇에 저장된 값을 변경할 수 있는 자료형이라는 뜻이고, 반대로 immutable 자료형은 메모리 그릇에 저장된 값을 변경할 수 없는 자료형이라는 뜻입니다.

앞서 리스트는 값을 변경할 수 있지만, 튜플은 값을 변경할 수 없다고 했었죠? 그래서 리스트는 mutable 자료형이고, 튜플은 immutable 자료형입니다. 이와 비슷하게 딕셔너리, 집합도 mutable 자료형입니다.

아래는 그동안 배운 자료형을 mutable과 immutable로 구분한 표입니다.

mutable 값을 바꿀 수 있는 자료형	immutable 값을 바꿀 수 없는 자료형
리스트, 딕셔너리, 집합	정수형, 실수형, 문자열, 튜플

그런데 이상합니다. 2장에서 분명 정수형, 실수형, 문자열의 값을 변경했는데, 모두 변할 수 없는 immutable 자료형이라고 하네요. 왜 그럴까요?

정수형, 실수형, 문자열이 immutable 자료형인 이유

정수형, 실수형 메모리 그릇의 값이 변경되는 과정을 다시 살펴보겠습니다.

호칭 = '나'
나이 = 15

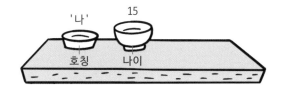

호칭 = '나'
나이 = 15
나이 = 20

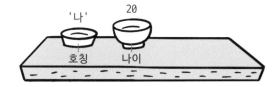

2장에서는 이해하기 쉽게 알려드리려고 같은 그릇의 값이 변경된다고 설명했습니다.

하지만 실제로 메모리 공간에서 일어나는 일은 다릅니다. '나이 = 20'과 같이 이미 있던 변수의 값을 변경하면, 새로운 메모리 그릇을 만들고 원래 메모리 그릇의 이름을 지워버립니다.

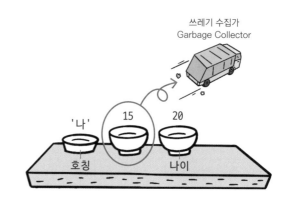

호칭 = '나'
나이 = 15
나이 = 20

파이썬 안에 있는 **쓰레기 수집가**Garbage Collector라는 도구가 이름을 뺏긴 메모리 그릇을 자동으로 지워주기 때문에 우리 눈에는 같은 변수의 값이 대체된 것으로 보이는 것이죠.

이렇게 변수의 값을 변경할 때마다 그릇을 바꿔주는 프로그래밍 언어는 흔하지 않습니다. C언어나 자바와 같은 프로그래밍 언어에서는 상상도 할 수 없는 파격적인 모습이지요.

그럼 파이썬은 왜 번거롭게 그릇을 새로 만들어주는 걸까요? 같은 변수 이름에 다른 형태의 값을 쉽게 저장하기 위해서입니다. 아래 예시를 보겠습니다.

개월수 = 9

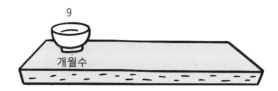

개월수 = 9
개월수 = '9개월'

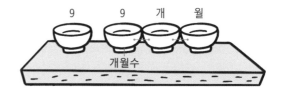

처음에 변수 '개월수'에 정수 값을 저장했습니다. 그리고 동일한 이름의 변수에 '9개월'이라는 문자열 값을 저장했네요. 자료의 형태가 달라졌으니 당연히 메모리 그릇의 모양도 달라져야 합니다.

그런데 컴퓨터 입장에서는 이렇게 자료 형태를 변환하는 게 정말 어려운 일입니다. 그래서 파이썬은 (사용자에게 복잡하니 굳이 알려주지 않고) 아무 일 아닌 척 은근슬쩍 메모리 그릇을 바꿔치기합니다.

이러한 과정을 가능하게 하기 위해 정수형, 실수형, 문자열을 immutable(변할 수 없는) 자료형으로 만들게 되었습니다.

메모리 그릇의 주소 값 확인하기

파이썬에는 immutable인지, mutable인지 쉽게 확인할 수 있는 함수가 하나 있습니다. 바로 id()라는 함수입니다. 이 함수 안에 변수를 넣으면 변수를 구성하는 메모리 그릇의 주소 값을 알려줍니다. (그릇이 여러 개 연결되어 있는 경우, 맨 처음 메모리 그릇의 주소 값을 알려줍니다.)

'메모리 그릇의 주소'라는 단어가 생소한가요? 메모리 공간에서 메모리 그릇의 위치를 알려주는 주소라고 이해하면 됩니다. 아래 예시로 확인해 보겠습니다.

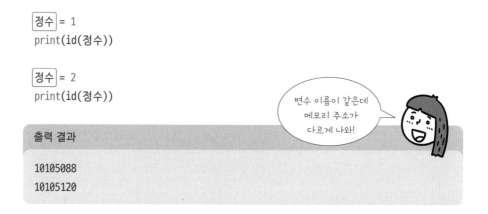

```
정수 = 1
print(id(정수))
```

```
정수 = 2
print(id(정수))
```

출력 결과

```
10105088
10105120
```

같은 '정수'라는 변수 안에 값을 넣었는데 메모리 주소가 다르게 나옵니다. 같은 메모리 그릇이었다면, 메모리 주소가 일치했겠죠? 즉 파이썬이 사용자 모르게 메모리 그릇을 바꿔치기한 것입니다.

코딩 실습 15 바꿔치기된 메모리 그릇 확인하기

▶ 동영상 강의

문제 아래 코드를 실행해 바꿔치기된 메모리 그릇의 주소 값을 확인해 보세요. 변수 '숫자'의 메모리 주소가 변경된 것을 확인할 수 있습니다.

```
숫자 = 90
print(id(숫자))

숫자 = 100
print(id(숫자))
```

출력 결과

```
10107936
10108256
```

문제 이번엔 리스트 자료를 입력해 메모리 그릇의 주소를 확인해 보세요.

```
리스트 = [1, 2, 3]
print(리스트)
print(id(리스트))

리스트[2] = 6
print(리스트)
print(id(리스트))
```

출력 결과

```
[1, 2, 3]
140182914363976
[1, 2, 6]
140182914363976
```

> 리스트는 mutable 자료형이라서 값이 바뀌어도 메모리 주소가 같습니다!

정수 자료를 입력했을 때와 달리, 변수 '리스트'의 값을 수정해도 메모리 주소가 변경되지 않습니다.

04

·

코딩 종합선물세트,
클래스를 열어보자!

03장까지가 사실상 코딩의 전부입니다. 너무 단순해서 놀랐나요?
코딩은 앞에서 배운 조건문과 반복문, 그리고
변수와 함수를 이용해 적절히 조합하는 것에 불과합니다.
이제부터는 '적절한 조합'을 위해 필요한 도구를 소개하고자 합니다.
바로 코딩 종합선물세트, '클래스'입니다.

04-1

클래스란?

추석이나 설 명절이 다가오면, 마트마다 경쟁하듯 진열하는 상품이 있습니다. 바로 종합선물세트입니다. 생활에 요긴한 여러 물품을 조금씩 모아서, 하나의 선물세트로 만들어 파는 것입니다. 이런 선물세트는 간편하게 '하나'만 사면 여러 취향을 만족시킬 수 있다는 점에서 시대가 변해도 꾸준히 사랑받는 선물 중 하나입니다.

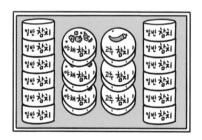 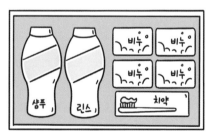

마트에는 종합선물세트, 코딩에는 클래스!

코딩 세계의 종합선물세트: 클래스

코딩에도 이런 선물세트 같은 개념이 존재합니다. 이것저것 필요한 기능을 조합해서 '하나'로 묶고 이름을 붙여서 언제든지 불러와 편하게 사용할 수 있도록 만드는 기능입니다. 이러한 기능을 코딩에서는 **클래스**^{Class}라고 부릅니다.

'클래스'라고 하면 우리는 흔히 학교의 '학급' 또는 '수업'을 생각하지만, '종류'라는 의미도 있습니다. 정확히 말하면, 클래스라는 개념을 처음 도입한 개발자는 Classification이라는 단어를 의미하기 위해 Class라는 이름을 사용했다고 합니다. Classification을 사전에서 찾아보면 다음과 같습니다.

classification

1. 분류
2. 유형, 범주

분류? 선물세트 얘기를 하다가 갑자기 웬 '분류?' 하고 생각할 수도 있습니다. 그런데 선물세트를 잘 생각해 보면, 그냥 선물세트가 아니고 ○○선물세트라고 합니다. 세트 속 구성품의 종류에 따라 세트 이름을 짓는 것이죠. 참치선물세트, 건강식 선물세트, 홍삼선물세트 등등. '하나'로 묶어놓았지만, **어떤 공통된 특징에 따라 '분류'하여 만든 코딩 종합선물세트를 클래스**^{Class}라고 부릅니다.

클래스를 이용하면 뭐가 좋아요?

클래스가 왜 필요할까요? 111쪽에서 우리는 아주 오래된 고전 슈팅 게임과 최신 슈팅 게임을 비교해 보았습니다. 그러면서 최신 슈팅 게임이 고전 슈팅 게임보다 훨씬 더 완성도가 높고 화려하지만, 실제 코딩 시간은 오히려 고전 슈팅 게임이 더 걸렸을 수 있다고 했습니다. 왜냐하면, 프로그래밍 개발 환경이 점점 좋아져서 예전에 개발된 좋은 코드를 재활용할 수 있게 되었기 때문입니다. 갈수록 좋은 프로그램이 나오고, 더 좋아진 프로그램의 기능들을 재활용해서 더욱더 좋은 프로그램을 만들다 보니 '재활용을 좀 더 쉽게 하는 방법이 무엇일까?'를 개발자들이 생각하게 되었습니다. 그래서 만들어진 것이 '클래스'입니다. 각각의 기능을 분리해서 하나로 묶고, '이 기능은 저기에 한 번, 저 기능은 여기에 한 번' 식으로 쏙쏙 빼서 쉽게 사용할 수 있게 만든 것이죠.

조금 더 간단한 예로 아래 책상을 한번 생각해 볼게요. 'ㄷ'자형 책상입니다.

모듈형 책상을 조합하듯 클래스를 조합해 코딩하는 '객체지향형 프로그래밍'

왼쪽은 붙어 있는 형태의 책상이고, 오른쪽은 3개의 책상으로 분리되는 모듈형 책상입니다. 같은 'ㄷ'자형 책상이지만, 왼쪽은 'ㄷ'자 모양으로밖에 사용하지 못하는 반면, 오른쪽은 3개의 책상으로 분리해서 따로 사용할 수도 있고 다른 모양으로 재구성할 수도 있습니다. 어떻게 이런 일이 가능한 걸까요? 조그만 기능 단위로 책상을 구분하였기 때문입니다.

프로그래밍에서도 똑같습니다. 하나의 프로그램에 들어가는 여러 가지 기능을 클래스라는 단위로 '구분'하여 부분 부분 재활용할 수 있게 합니다. 즉, **작게 구분하는 단위가 클래스이고, 이러한 클래스를 사용해서 코딩하는 것을 '객체지향형 프로그래밍**Object Oriented Programming'**이라고 합니다. 하나의 묶음(객체)을 지향한다는 의미죠.

04-2

내가 만든 변수
— 클래스, 인스턴스

지금부터 여러분이 프로그래머이고, 참치 캔으로 유명한 ABC식품의 관리시스템에 참치선물세트를 추가해 달라는 요청을 받았다고 가정하겠습니다. 그럼 참치선물세트를 클래스로 만들어볼까요?

1단계 클래스 기본형 만들기

클래스는 실제 어떤 형태로 되어 있을까요? 일반참치, 야채참치, 고추참치가 담긴 선물세트를 클래스로 만들면 다음과 같습니다.

참03호

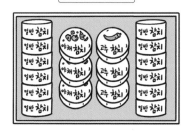

```
                  ┌─────→ 클래스의 이름
      ┌───────────┘
class 참치선물세트:
      일반 = 0  ┐
      야채 = 0  ├ 클래스의 내용
      고추 = 0  ┘
```

무척 간단하지 않나요?

class라는 선언으로 시작해서 클래스 이름을 적고, 콜론 다음에 클래스의 내용을 적으면 끝입니다. 이것으로 참치선물세트를 만들 '틀'이 만들어졌습니다. 비유하자면 참치선물세트 공장 기계에 '일반참치, 야채참치, 고추참치로 선물세트를 만들겠다'고 입력해 둔 것이죠. 아직 선물세트가 만들어진 건 아닙니다.

2단계 인스턴스 이해하기

이렇게 만들어진 '틀'인 클래스를 사용해 실제로 만들어지는 '참03호'를 인스턴스instance라고 부릅니다. 예컨대 아래와 같은 도장을 쓸 때, '도장 자체'는 클래스이지만, '종이에 찍힌 도장 자국'은 인스턴스라고 말할 수 있습니다. 매일매일 종이에 찍히는 도장의 날짜가 다르듯이, 인스턴스를 만들 때 값을 변경해서 그때그때 다른 값을 가지게 할 수 있죠.

(출처: http://www.10x10.co.kr)

참치선물세트 클래스로 일반참치만 20개 들어 있는 '**참01호**'를 만들 수도 있고, 야채참치와 고추참치까지 들어 있는 '**참03호**'도 만들 수 있습니다.

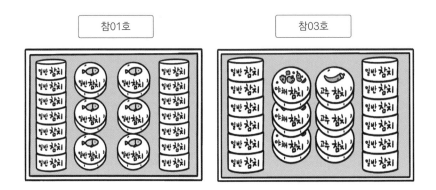

3단계 인스턴스 만들기

그럼 이제 '**참03호**' 인스턴스를 진짜 코드로 정의해 보겠습니다. 다음과 같이 인스턴스의 이름 '**참03호**'를 적고 등호(=) 오른쪽에 클래스의 이름 '**참치선물세트()**'를 적습니다.

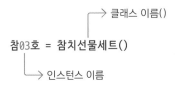

즉, 클래스의 이름 자체가 일종의 변수 이름처럼 인식이 됩니다. 오른쪽 값은 변수처럼 숫자를 입력할 수 없기 때문에, 인스턴스를 만들 '틀'인 클래스의 이름과 ()를 입력합니다. '**참03호**' 인스턴스 안에 참치도 담아보겠습니다.

참03호 = 참치선물세트() ──→ 인스턴스 생성

참03호.일반 = 12 ⎤
참03호.야채 = 3 ⎬ 참치 담기
참03호.고추 = 3 ⎦

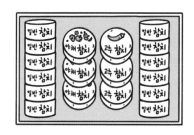

'참03호' 인스턴스 생성

익숙한 형태죠? 1장에서 설명한 점(.)을 사용한 표현 방법입니다. '참03호'의 일반에 12를 저장하고, '참03호'의 야채에 3을, '참03호'의 고추에 3을 저장하라고 읽을 수 있습니다.

같은 방식으로 일반참치만 들어간 '참01호' 인스턴스를 만들면 다음과 같습니다.

참01호 = 참치선물세트()

참01호.일반 = 20 ⎤
참01호.야채 = 0 ⎬ 참치 담기
참01호.고추 = 0 ⎦

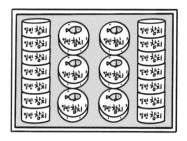

'참01호' 인스턴스 생성

4단계 클래스와 인스턴스가 선언되는 순서 이해하기

지금까지 배운 클래스와 인스턴스는 어떤 순서로 선언해야 할까요? '참치선물세트'의 틀을 만들어야 '참03호'를 만들 수 있었듯이, 클래스를 먼저 선언하고 인스턴스를 만들어야 합니다.

예를 들어, 아래 왼쪽 코드는 정상적으로 실행되지만, 오른쪽 코드는 오류가 발생합니다. '참치선물세트'의 틀을 만들기도 전에 '참01호'를 만드는 코드를 적었기 때문입니다.

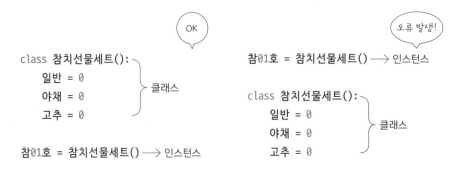

그렇다고 해서 모든 코드의 첫 번째 줄에서 클래스를 선언할 필요는 없습니다. 하지만 인스턴스 선언 전에는 꼭 클래스를 선언해야 합니다.

 궁금해요! 비슷하지만 묘하게 다른 인스턴스와 오브젝트(Object)

객체지향형Object Oriented이라는 단어에서 나온 '오브젝트'라는 단어를 간혹 인스턴스와 혼용해서 사용하는 경우가 있습니다. 오브젝트와 인스턴스가 가끔 같은 것을 지칭하기도 하기 때문입니다. 무슨 말이냐고요? 아래 그림을 통해서 한번 알아보겠습니다.

클래스	인스턴스	오브젝트
도장	'도장 자국'의 이름 예) '오늘 도장' '1월 11일 도장' '21년 1월 11일 도장'	'도장 자국' 자체

앞에서 도장은 클래스, '도장 자국'은 인스턴스라고 배웠지요? 그런데, 엄밀히 말하면 '도장 자국' 자체는 오브젝트이고 '도장 자국'을 칭하는 이름이 인스턴스입니다. 인스턴스는 '이름'이기 때문에 '오늘 도장'이라고 부를 수도 있고, '1월 11일 도장'이라고 할 수도 있는 것이죠.

보통은 하나의 오브젝트에 하나의 이름을 붙이기 때문에 오브젝트와 인스턴스를 같은 것으로 이해해도 무방합니다. 하지만, 혹시라도 하나의 오브젝트에 여러 개의 이름을 붙일 경우 인스턴스와 오브젝트는 같지 않을 수 있습니다.

▶ 동영상 강의

문제 치약, 샴푸, 비누로 구성된 세면도구세트를 클래스로 만들고 '세01호', '세03호' 인스턴스를 만들어서 출력해 보세요.

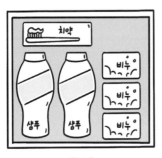

세01호

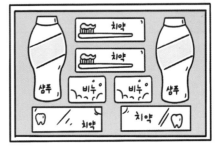

세03호

```
class 세면도구:
    치약 = 0          ⎫
    샴푸 = 0          ⎬ '세면도구' 클래스
    비누 = 0          ⎭
```

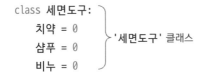

```
세01호 = 세면도구()    ⎫
세01호.치약 = 1        ⎪
세01호.샴푸 = 2        ⎬ '세01호' 인스턴스
세01호.비누 = 3        ⎭
```

그림을 보고
치약, 샴푸,
비누의 개수를
세어 적으세요.

```
세03호 = 세면도구()    ⎫
세03호.치약 = 4        ⎪
세03호.샴푸 = 2        ⎬ '세03호' 인스턴스
세03호.비누 = 2        ⎭
```

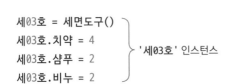

```
print('세면도구세트 01호 내용물')
print('치약:', 세01호.치약, '샴푸:', 세01호.샴푸, '비누:', 세01호.비누)
```

```
print('세면도구세트 03호 내용물')
print('치약:', 세03호.치약, '샴푸:', 세03호.샴푸, '비누:', 세03호.비누)
```

결과 [Run] 버튼을 눌러보세요. 다음과 같이 '세01호'와 '세03호'의 내용물이 출력되면 성공입니다!

출력 결과
세면도구세트 01호 내용물 치약: 1 샴푸: 2 비누: 3 세면도구세트 03호 내용물 치약: 4 샴푸: 2 비누: 2

04-3

클래스에 함수(메서드)
추가하기

2장에서 코딩의 핵심이 변수와 함수라고 설명했지요? 지금까지 클래스 안에서 변수만 다뤘으니, 이번엔 클래스에 함수를 추가하고 사용해 보겠습니다. 클래스에서 만들어진 함수는 특별히 **메서드**Method라고 부릅니다. 따라서 클래스에서 선언된 함수는 앞으로 '메서드'라고 부르겠습니다.

클래스 자신을 부르는 키워드: self

'참치선물세트' 클래스 파일에 모든 참치 캔의 개수를 더하는 메서드를 추가해 보겠습니다.

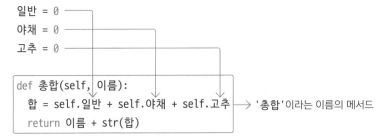

```
class 참치선물세트():
    일반 = 0
    야채 = 0
    고추 = 0

    def 총합(self, 이름):
        합 = self.일반 + self.야채 + self.고추      → '총합'이라는 이름의 메서드
        return 이름 + str(합)
```

기본적으로 2장에서 배운 함수의 형태와 동일합니다.

하지만, 한 가지 다른 점이 있습니다. 바로 self라는 전달 값입니다. 외부의 값을 전달받아 함수에서 사용하려면, 반드시 함수 뒤 괄호() 안에 변수를 적어야 한다고 했었죠? 클래스 안에서 정의한 메서드는 이야기가 조금 다릅니다. 함수 밖에서 선언한 변수도 함수 안에서 자유롭게 사용할 수 있어야 진정한 묶음이 되기 때문입니다. 그래서 파이썬을 개발하신 분이 self라는 호출 값을 만들었습니다.

self의 뜻이 무엇인지 확인해 보겠습니다.

self

1. (어떤 사람의 평상시) 모습, 본모습
2. 자아, 자신
3. 자기 자신의 이익[기쁨], 이기(利己)

'자신'이라는 의미입니다. 클래스 안의 메서드 입장에서 자신은 무엇을 의미할까요? 네 맞습니다. 바로 클래스 자신을 의미합니다. 그래서 함수 안에서 사용하는 self.일반은 지금 클래스 안에 선언된 변수 '일반'을 의미합니다.

정리하자면, 메서드 밖에서 선언된 변수를 사용하려면 메서드 괄호() 안에 self 를 적어야 하고 메서드 내용에서도 self.일반과 같은 식으로 적어야 합니다.

메서드 사용하기: 사용자의 눈에는 보이지 않는 self

이제 클래스 안에 만든 **총합()** 메서드를 사용해 볼까요?

```
class 참치선물세트():
    일반 = 0
    야채 = 0
    고추 = 0

    def 총합(self, 이름):                    ─→ '총합' 메서드 생성
        합 = self.일반 + self.야채 + self.고추
        return 이름 + str(합)

참01호 = 참치선물세트()
참01호.일반 = 12
참01호.야채 = 3
참01호.고추 = 3
```

┌── 인스턴스 이름

출력값 = 참01호.총합('참치선물세트 01호 내용물:')
└── 결과값이 담길 변수 이름   └── 메서드 이름()

```
print(출력값)
```

참치선물세트 01호 내용물: 18

210

메서드를 선언할 때 분명 self와 '이름'이라는 두 개의 변수를 입력받는다고 했는데, 실제로 사용할 때는 self는 무시하고 '참치선물세트 01호 내용물:'이라는 문자열만 입력했네요? 네 그렇습니다. self는 클래스 안에서 선언된 변수를 부르는 호출 기호일 뿐, 메서드를 사용할 때는 '없는 값'으로 처리합니다. 그 결과 '참치선물세트 01호 내용물:'과 총합 18을 더한 값이 출력됩니다.

리턴 값이 없는 메서드는 어떨까요?

```
class 참치선물세트():
    일반 = 0
    야채 = 0
    고추 = 0

    def 출력(self, 이름):
        print('**', 이름, '**')
        print('일반참치:', self.일반)      ──→ '출력' 메서드 선언
        print('야채참치:', self.야채)
        print('고추참치:', self.고추)

참01호 = 참치선물세트()
참01호.일반 = 12
참01호.야채 = 3
참01호.고추 = 3

참01호.출력('참치선물세트 01호 내용물')
```

참01호.출력('참치선물세트 01호 내용물')
— 메서드 이름()
— 인스턴스 이름

```
** 참치선물세트 01호 내용물 **
일반참치: 12
야채참치: 3
고추참치: 3
```

마찬가지로 메서드를 선언할 때 self라는 변수 값만 추가로 선언하는 것을 빼고
는 함수의 선언과 다른 점이 없습니다.

변수뿐만 아니라 메서드도 호출하는 self

self는 변수뿐만 아니라 클래스 안에서 선언된 다른 메서드도 호출할 수 있습니
다. 아래 예시를 보세요.

```
class 참치선물세트():
    일반 = 0
    야채 = 0
    고추 = 0

    def 출력(self, 이름):
        print('**', 이름, '**')
        print('일반참치:', self.일반)
        print('야채참치:', self.야채)
        print('고추참치:', self.고추)

    def 출력2(self):                          ── '출력' 메서드를 포함한 '출력2' 메서드 선언
        self.출력('참치선물세트')

참01호 = 참치선물세트()
참01호.일반 = 12
참01호.야채 = 3
```

```
참01호.고추 = 3

참01호.출력2()
```

```
** 참치선물세트 **
일반참치: 12
야채참치: 3
고추참치: 3
```

'출력2()' 메서드 내용을 보면 위에서 선언한 '출력()' 메서드를 self로 호출해 사용하고 있습니다. 이렇듯 self는 클래스 안에서 선언된 변수와 메서드를 부르는 호출문이라고 이해하면 됩니다. 참 쉽죠?

코딩 실습 17　메서드 만들기

▶ 동영상 강의

문제 세면도구세트에서 내용물의 개수를 출력하는 메서드를 만들고 출력해 보세요.

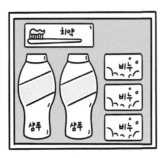

세01호

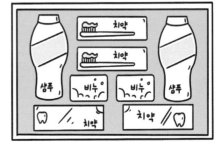

세03호

```
class 세면도구:
    치약 = 0
    샴푸 = 0
    비누 = 0

    def 내용물출력(self, 세트이름):
        print(세트이름)
        print('치약:', self.치약)
        print('샴푸:', self.샴푸)
        print('비누:', self.비누)
```
→ '내용물출력()' 메서드 선언

```
세01호 = 세면도구()
세01호.치약 = 1
세01호.샴푸 = 2
세01호.비누 = 3

세03호 = 세면도구()
세03호.치약 = 4
세03호.샴푸 = 2
```

214

세03호.비누 = 2

세01호.내용물출력('세면도구세트 01호 내용물') ⎫
세03호.내용물출력('세면도구세트 03호 내용물') ⎭ '내용물출력()' 메서드 호출

결과 [Run] 버튼을 눌러보세요. 다음과 같이 '세01호'와 '세03호'의 내용물이 출력되면 성공입니다!

출력 결과

세면도구세트 01호 내용물
치약: 1
샴푸: 2
비누: 3
세면도구세트 03호 내용물
치약: 4
샴푸: 2
비누: 2

04-4

인스턴스를 초기화하는 방법
— 생성자

생성자 이해하기

[코딩 실습 17]을 열심히 풀어보았나요? 푼 사람이라면 클래스와 인스턴스 이름을 매번 쓰는 게 상당히 번거롭다는 걸 느꼈을 겁니다. 프로그래머는 반복되는 코드를 싫어합니다. 그래서 반복되는 코드를 최대한 짧게 표현하는 방법을 또 고안했습니다. 클래스를 선언할 때 **생성자**Constructor를 추가해 인스턴스의 변수에 값을 넣는 과정을 간단히 표현하는 거죠.

생성자를 사용했을 때 인스턴스 생성 코드가 얼마나 짧아지는지 한번 확인해 볼까요?

```
참01호 = 참치선물세트()
참01호.일반 = 12
참01호.야채 = 3
참01호.고추 = 3
```

생성자가 없을 때 '**참01호**' 인스턴스 생성 코드   생성자가 있을 때 '**참01호**' 인스턴스 생성 코드

코드가 무척 간단해졌죠?

생성자를 코드로 작성하기

그런데 괄호 안에 입력된 첫 번째 값이 일반참치의 값이고, 두 번째 값이 야채참치의 값, 세 번째 값이 고추참치의 값이라는 것을 단순한 컴퓨터가 알 수 있을까요? 당연히 알 수 없습니다. 그래서 각각의 값이 어느 변수에 저장되어야 하는지를 알려주어야 하는데, 생성자가 바로 그 역할을 합니다.

'**참치선물세트**' 클래스에 생성자를 넣어보겠습니다.

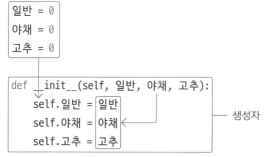

217

이상하게 생긴 __init__라는 메서드가 만들어졌습니다.

파이썬에서는 밑줄(언더바) 2개 다음에 init라는 글자를 입력하고 다시 언더바(_) 2개를 사용한 메서드를 만들면, 이 메서드를 생성자로 인식합니다. init라는 말이 생소한가요? init는 초기화한다는 의미의 initialize에서 나온 줄임말입니다.

Initialize

1. 초기 내용을 설정하다

그럼 언더바(_) 2개는 무엇일까요?

언더바(_) 2개는 파이썬에서 미리 정해 놓은 메서드 또는 변수라는 표시입니다. 만약 언더바(_) 2개를 사용한 다른 메서드 또는 변수를 보게 되면 '파이썬에서 미리 약속한 메서드 또는 변수구나'라고 이해하면 됩니다.

그럼 이렇게 만든 생성자로 인스턴스를 생성하면 어떤 일이 일어날까요?

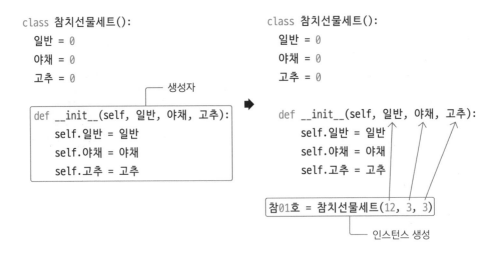

218

생성자를 따라 12는 '일반', 3은 '야채', 3은 '고추'에 입력해 인스턴스 '참01호'를 만들 수 있습니다. 이 과정을 그림으로 나타내면 다음과 같습니다.

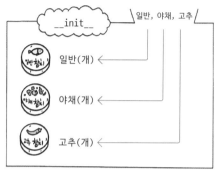

참치선물세트를 만드는 생성자

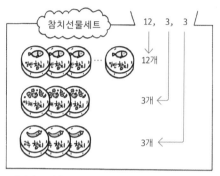

생성자를 사용해 인스턴스 **'참01호'**를 만드는 과정

인스턴스에 어떤 변수를 사용할지 생성자를 통해 미리 약속해 두면, 그 약속대로 값을 입력받는 것이죠.

이렇게 클래스의 인스턴스를 처음 생성할 때, 각 메모리 그릇을 만들어주고 동시에 값을 넣는 일련의 작업을 '초기화'라고 합니다. 그래서 '○○○ 클래스의 인스턴스를 초기화한다'라는 말은 '○○○ 클래스 형태로 된 인스턴스 메모리 그릇 묶음을 만들고, 각 메모리 그릇에 초기값을 넣어준다'는 의미라고 생각하면 됩니다.

 궁금해요! 클래스, 인스턴스 선언을 더 간단히 하는 방법은 없나요?

생성자를 사용하는 경우, 아래와 같이 별도의 변수 선언 없이 코드를 좀 더 간단하게 표현할 수도 있습니다.

```
class 참치선물세트():  ←─ 변수 선언 없이!

    def __init__(self, 일반, 야채, 고추):
        self.일반 = 일반
        self.야채 = 야채
        self.고추 = 고추
```

이렇게 선언할 수 있는 이유는 생성자를 사용해 첫 번째 인스턴스를 만드는 순간, 클래스에서 사용할 변수들을 모두 만들 기회가 있기 때문입니다.

조금 더 자세히 말하자면, 파이썬은 변수를 따로 선언하지 않고 위의 예시와 같이 생성자에서 변수를 만드는 것을 더 선호합니다. 이유는 03장에서 설명한 대로 변수들이 immutable(변하지 않는) 형태라서 나타나는 특이한 현상이 있기 때문입니다. 이 현상을 자세히 설명하려면 깊은 내용까지 알아야 합니다. 따라서 여기서는 '파이썬은 변수를 따로 선언하지 않고 주로 생성자에서 변수를 만들어서 사용한다'는 것만 기억해 두세요.

 궁금해요! 클래스 이름과 인스턴스 이름, 어떻게 구분해요?

클래스는 용도에 따라 매우 다양하게 사용돼 파이썬이 기본으로 제공하는 클래스만 해도 그 종류가 엄청나게 많습니다. 그러다 보니 무엇이 클래스이고, 인스턴스인지를 구분할 필요가 있습니다. 프로그래머들은 보통 클래스 이름 첫 글자를 영문 대문자로 쓰고, 인스턴스 이름은 첫 글자를 영문 소문자로 써서 구분하곤 합니다.

```
class TunaCanSet():  ←─ 클래스 이름은 첫 글자가 대문자!
    def __init__(self, normal, veg, pepper):
        self.normal = normal
        self.veg = veg
        self.pepper = pepper

    def content_show(self, name):
        print('****', name, '****' )
```

```
        print('Normal Tuna:', self.normal)
        print('Vegitable Tuna:', self.veg)
        print('Pepper Tuna:', self.pepper)

tunaset01 = TunaCanSet(12, 5, 6)
tunaset01.content_show('Tuna GiftSet 01')
```
└── 인스턴스 이름은 첫 글자가 소문자!

위의 예시처럼 클래스의 이름은 대문자로 시작하는 **TunaCanSet**라고 만들고, 인스턴스는 소문자로
시작하는 **tunaset01**로 만들면 됩니다. 이러한 명명 방식은 의무는 아니지만, 프로그래머들 사이에
서 일종의 약속처럼 통용되고 있습니다.

파이썬에서는 규칙은 아니지만, 위의 예시에서 살펴본 명명 방식과 같이 약속 또는 권장사항으로
통용되는 내용을 정리해서 제안하고 있습니다. 이 제안 문서의 이름을 PEP^Python Enhancement
Proposal(파이썬 향상을 위한 제안)이라고 부릅니다. 그리고 제안의 종류에 따라 목차처럼 뒤에 숫자를
붙여 분류하는데, 위의 예시와 같이 작성 스타일에 대한 제안은 PEP 8에 정의되어 있습니다.

파이썬 공식 홈페이지의 PEP 8 가이드(www.python.org/dev/peps/pep-0008)

코딩 실습 18   생성자 만들기

▶ 동영상 강의

문제 세면도구세트에서 생성자를 이용해 '세01호'와 '세03호' 인스턴스를 만들고 각 세트의 내용물 개수를 출력해 보세요.

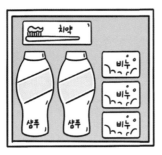

세01호

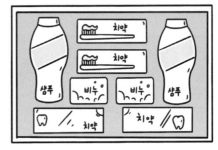

세03호

```
class 세면도구:

    def __init__(self, 치약, 샴푸, 비누):
        self.치약 = 치약
        self.샴푸 = 샴푸
        self.비누 = 비누
```
─── 생성자

```
    def 내용물출력(self, 세트이름):
        print(세트이름)
        print('치약:', self.치약)
        print('샴푸:', self.샴푸)
        print('비누:', self.비누)
```

```
세01호 = 세면도구(1, 2, 3)
세03호 = 세면도구(4, 2, 2)
```
─── 짧아진 인스턴스 생성 코드

```
세01호.내용물출력('세면도구세트 01호 내용물')
세03호.내용물출력('세면도구세트 03호 내용물')
```

222

결과 [Run] 버튼을 눌러보세요. 다음과 같이 '세01호'와 '세03호'의 내용물이 출력되면 성공입니다! 앞의 [코딩 실습 17]과 비교해 보세요. 인스턴스 생성 코드가 많이 짧아졌죠?

출력 결과
세면도구세트 01호 내용물 치약: 1 샴푸: 2 비누: 3 세면도구세트 03호 내용물 치약: 4 샴푸: 2 비누: 2

04-5

클래스가 확장되는 방법
— 상속, 오버라이드

명절이 다가오면 선물세트의 종류도 다양해집니다. 아래 '**특01호**'를 보면 선물 세트이긴 한데, 원래 참치선물세트 클래스에는 없는 카놀라유와 햄까지 들어가 있네요. '**특01호**'를 인스턴스로 만들려면 어떻게 해야 할까요?

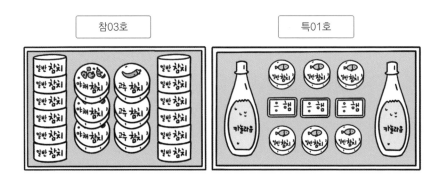

새로운 클래스를 만들기 위해선, 클래스를 처음부터 다시 작성해야 합니다. 하지

만 기존 클래스를 '확장'해 만들면 더 쉽게 만들 수 있습니다.

클래스를 물려받다: 상속과 슈퍼클래스

클래스 확장이란 말 그대로 기존 클래스에 무엇인가를 추가해서 새로운 클래스를 만드는 걸 말합니다. 정식 명칭으로는 '상속'이라고 합니다. 그럼 어떻게 확장을 하는지 알아볼까요?

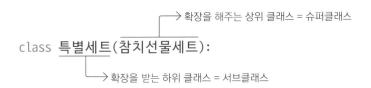

변수는 그릇, 메서드는 네모로 나타내면 다음과 같이 표현할 수 있습니다.

이렇게 확장을 하면 **'특별세트'** 클래스는 클래스 선언을 할 때 아무런 내용을 안 쓰더라도, **'참치선물세트'** 클래스의 변수와 메서드를 사용할 수 있습니다. 이때 확장을 해주는 클래스를 상위 클래스라는 의미로 **슈퍼클래스**^{Super Class}라고 부릅니다.

225

슈퍼맨의 이미지 때문에 '슈퍼'를 '강한', '큰'의 뜻으로 오해할 수 있지만, 여기서 '슈퍼'는 '위에 있는'이라는 의미입니다. 실제로 공학 영어에서 '슈퍼 구조물Super Structure'이라고 하면, '엄청 튼튼한 구조물'이라는 뜻이 아니라, 아래 그림에서 보듯 상부 구조물이라는 뜻입니다.

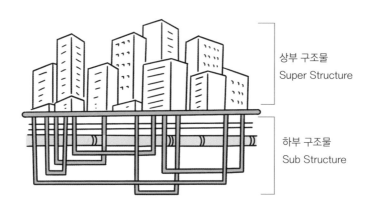

상부 구조물
Super Structure

하부 구조물
Sub Structure

실제 코드로 클래스 상속 사용해 보기

(이 부분은 초보자에게 조금 어려울 수 있습니다. 이해하기 힘들다면 바로 04-6으로 넘어가도 좋아요.)

이제 상속을 사용해 '**특별세트**' 클래스를 만들어보겠습니다. 다음과 같이 입력하면 메서드를 포함한 '**참치선물세트**' 클래스가 '**특별세트**' 클래스로 상속됩니다.

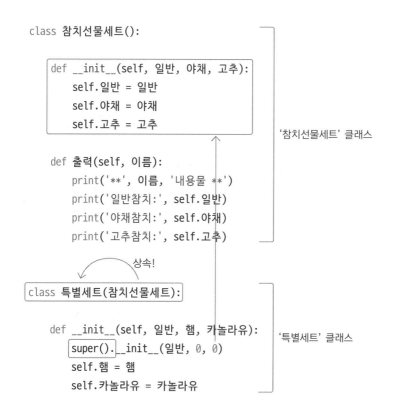

```
class 참치선물세트():

    def __init__(self, 일반, 야채, 고추):
        self.일반 = 일반
        self.야채 = 야채
        self.고추 = 고추
```
'참치선물세트' 클래스

```
    def 출력(self, 이름):
        print('**', 이름, '내용물 **')
        print('일반참치:', self.일반)
        print('야채참치:', self.야채)
        print('고추참치:', self.고추)
```

상속!

```
class 특별세트(참치선물세트):

    def __init__(self, 일반, 햄, 카놀라유):
        super().__init__(일반, 0, 0)
        self.햄 = 햄
        self.카놀라유 = 카놀라유
```
'특별세트' 클래스

'특별세트' 클래스의 생성자에서 super를 사용한 게 보이나요? 상속을 받은 클래스에서 super라는 단어는 슈퍼클래스의 생성자를 호출합니다. 즉 super().__init__(일반, 0, 0)은 참치선물세트(일반, 0, 0)이라고 이해할 수 있습니다. 마찬가지로 super.야채 코드는 슈퍼클래스의 '야채' 변수를 호출합니다.

상속받은 메서드 사용하기

상속받은 메서드를 사용해 볼까요? 다음과 같이 **'특별세트'**에서 선언하지 않은

출력() 메서드를 실행해도 오류가 발생하지 않습니다. 슈퍼클래스인 '**참치선물세트**'에 **출력()** 메서드가 있기 때문이죠.

특01호

```
class 특별세트(참치선물세트):

# 클래스 선언 생략

특01 = 특별세트(6, 3, 2)
특01.출력('특별세트 01호')
```

출력 결과

```
** 특별세트 01호 내용물 **
일반참치: 6
야채참치: 0
고추참치: 0
```

왜 출력 결과에 참치만 나오지?

그런데 출력 결과가 조금 이상하지 않나요? 햄과 카놀라유 개수가 출력되지 않네요! 그 이유는 '**참치선물세트**' 클래스의 **출력()** 메서드 코드가 다음과 같이 일반참치, 야채참치, 고추참치의 개수만 출력하도록 작성되었기 때문입니다.

```
class 참치선물세트():

# 생성자 생략

def 출력(self, 이름):
    print('**', 이름, '내용물 **')
    print('일반참치:', self.일반)
    print('야채참치:', self.야채)
    print('고추참치:', self.고추)
```

햄과 카놀라유를 화면에 출력하는 코드가 없어요!

우리가 원하는 대로 '**특01호**' 내용물로 일반참치 6개, 햄 3개, 카놀라유 2개가 나오려면 **출력()** 메서드를 덮어써야 합니다. 다음과 같이 말이죠.

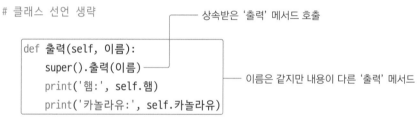

```
class 참치선물세트():
# 생성자 생략

    def 출력(self, 이름):
        print('**', 이름, '내용물 **')
        print('일반참치:', self.일반)          슈퍼클래스의 '출력' 메서드
        print('야채참치:', self.야채)
        print('고추참치:', self.고추)

class 특별세트(참치선물세트):
# 클래스 선언 생략
                                           상속받은 '출력' 메서드 호출
    def 출력(self, 이름):
        super().출력(이름)
        print('햄:', self.햄)                이름은 같지만 내용이 다른 '출력' 메서드
        print('카놀라유:', self.카놀라유)

특01 = 특별세트(6, 3, 2)
특01.출력('특별세트 01호')
```

이렇게 슈퍼클래스에서 정의된 메서드를 서브클래스에서 같은 이름의 메서드로 다시 정의하는 걸 **오버라이드**Override라고 합니다. 우리말로 바꾸면 '덮어쓰기'입니다.

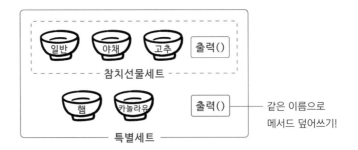

같은 이름으로
메서드 덮어쓰기!

이제 출력 결과가 어떻게 나오는지 볼까요? 이번에는 햄과 카놀라유까지 정상적
으로 나옵니다!

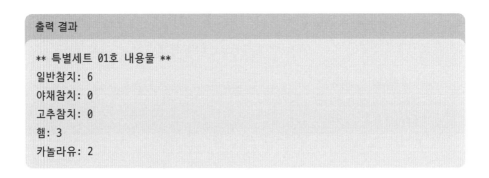

출력 결과

```
** 특별세트 01호 내용물 **
일반참치: 6
야채참치: 0
고추참치: 0
햄: 3
카놀라유: 2
```

슈퍼클래스의 메서드를 덮어쓴다는 말이 이해가 되나요? 표현이 어려워서 그렇
지, 슈퍼클래스의 메서드와 이름이 동일한 메서드를 만든다고 생각하면 쉽습니다.

 코딩 실습 19　상속하기

▶ 동영상 강의

문제　이번 명절에는 특별히 면도기가 포함된 특별세트를 만들려고 합니다. 특별세트를 만드는 기계를 새로 제작하는 것보다 기존에 사용하던 '세면도구세트' 기계를 변형해 사용하는 게 비용이 덜 들겠죠?
코드에서는 클래스를 상속받아 사용하면 됩니다. '세면도구' 클래스를 상속받아 '특별세트' 클래스를 만들고, '특별세트' 클래스를 사용해 '특01호' 인스턴스까지 만들어보세요.

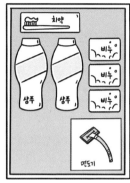

특01호

```python
class 세면도구:

    def __init__(self, 치약, 샴푸, 비누):
        self.치약 = 치약
        self.샴푸 = 샴푸
        self.비누 = 비누

    def 내용물출력(self, 세트이름):
        print(세트이름)
        print('치약:', self.치약)
        print('샴푸:', self.샴푸)
        print('비누:', self.비누)
```

```python
class 특별세트(세면도구):

    def __init__(self, 치약, 샴푸, 비누, 면도기):
        super().__init__(치약, 샴푸, 비누)
        self.면도기 = 면도기
```
→ 상속받아 만든
'특별세트' 클래스

```python
특01호 = 특별세트(1, 2, 3, 1)
특01호.내용물출력('명절 특별세트 01호')
```

결과 화면이 이상하지 않나요? 면도기 값이 출력되지 않았습니다.

출력 결과

```
명절 특별세트 01호
치약: 1
샴푸: 2
비누: 3
```

면도기 값까지 화면에 나타내려면 '내용물출력()' 메서드를 오버라이드하면 됩니다. '내용물출력()' 메서드는 상속받아 사용하고, 면도기 값을 출력하는 코드를 추가해 보세요.

```
class 세면도구:

    def __init__(self, 치약, 샴푸, 비누):
        self.치약 = 치약
        self.샴푸 = 샴푸
        self.비누 = 비누

    def 내용물출력(self, 세트이름): ─┐
        print(세트이름)            │
        print('치약:', self.치약)   │
        print('샴푸:', self.샴푸)   │
        print('비누:', self.비누) ─┘
                                              메서드 상속받기
class 특별세트(세면도구):

    def __init__(self, 치약, 샴푸, 비누, 면도기):
        super().__init__(치약, 샴푸, 비누)
        self.면도기 = 면도기
```

```
def 내용물출력(self, 세트이름):
    super().내용물출력(세트이름) ←
    print(' 면도기:', self.면도기)
```
면도기 출력까지 포함해
오버라이딩(덮어쓰기)

특01호 = 특별세트(1, 2, 3, 1)
특01호.내용물출력('명절 특별세트 01호')

결과 코드를 입력하고 다시 [Run] 버튼을 눌러보세요. 면도기 값까지 출력되면 성공입니다!

출력 결과

명절 특별세트 01호
치약: 1
샴푸: 2
비누: 3
면도기: 1

04-6

모듈과 패키지

지금까지는 모든 코드를 하나의 파일에 작성했습니다. 하지만 여러 사람이 동시에 작업할 때 하나의 코드로 작업하면 비효율적입니다. 또한 잘 만들어놓은 클래스를 다른 코드에서도 가져다 사용하면 좋은데, 그때마다 동일한 코드를 일일이 입력해야 한다면 효율적이지 않죠.

이러한 문제는 여러 파일로 분리해서 코드를 작성하면 해결됩니다. 이번 장에서는 여러 파일로 작업할 때 파일 사이를 어떻게 연결하고 사용하는지 알아보겠습니다.

모듈화하기

다음은 앞서 예시로 사용한 '**참치선물세트**' 클래스를 활용한 코드입니다.

```
class 참치선물세트():
# 생성자 생략

    def 출력(self, 이름):
        print('**', 이름, '**')
        print('일반참치:', self.일반)
        print('야채참치:', self.야채)
        print('고추참치:', self.고추)
```

참01호 = 참치선물세트(12, 3, 3)
참01호.출력('참치선물세트 01호')

만약 '**참치선물세트**' 클래스를 여러 프로그램에서 사용해야 한다면 어떻게 해야할까요? '**참치선물세트**' 클래스를 별도의 파일로 저장하고, 다른 파일에서 이를 불러와서 사용하면 됩니다. 아래 2개 코드 예시를 보세요.

```python
class 참치선물세트():
# 생성자 생략

    def 출력(self, 이름):
        print('**', 이름, '**')
        print('일반참치:', self.일반)
        print('야채참치:', self.야채)
        print('고추참치:', self.고추)
```

파일을 분리하고
import로 불러오면
되는구나!

제1공장.py

```python
import 참치선물세트클래스

참01호 = 참치선물세트클래스.참치선물세트(12, 3, 3)
참01호.출력('참치선물세트 01호')
```

제2공장.py

```python
import 참치선물세트클래스

참03호 = 참치선물세트클래스.참치선물세트(3, 4, 4)
참03호.출력('참치선물세트 03호')
```

짠! '참치선물세트' 클래스를 별도의 파일로 만드니 코드가 간단해졌죠? 이렇게
분리된 파일을 사용하려면 2가지 규칙을 따라야 합니다.

첫째, 별도로 저장된 파일을 불러올 때 '가져오다, 수입하다'를 의미하는 import
를 입력하고 불러올 파일명을 입력합니다.

둘째, 파일의 어느 부분을 가져올지 정확히 표현하고 싶다면 파일명 뒤에 점(.)을 찍고 해당 파일에서 불러올 클래스 이름을 적으면 됩니다.

이런 식으로 특별한 기능의 코드를 별도의 파일로 저장한 후, 필요할 때마다 가져오는 작업을 **모듈화**modularization라고 하며, 이렇게 분리되어 저장되는 각각의 파일을 **모듈**module이라고 부릅니다. 모듈화는 클래스뿐만 아니라 함수, 변수에도 적용할 수 있습니다. 예를 들면 다음과 같습니다.

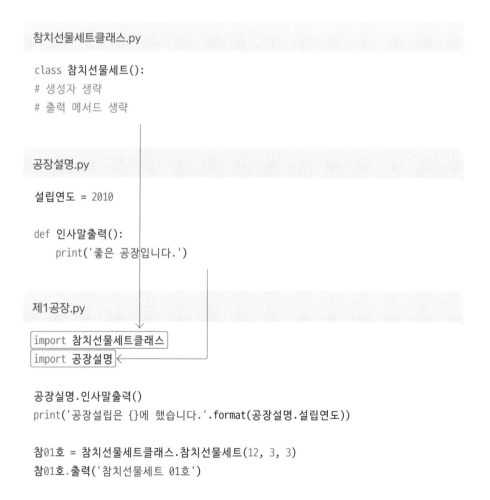

참치선물세트클래스.py

```
class 참치선물세트():
# 생성자 생략
# 출력 메서드 생략
```

공장설명.py

```
설립연도 = 2010

def 인사말출력():
    print('좋은 공장입니다.')
```

제1공장.py

```
import 참치선물세트클래스
import 공장설명

공장실명.인사말출력()
print('공장설립은 {}에 했습니다.'.format(공장설명.설립연도))

참01호 = 참치선물세트클래스.참치선물세트(12, 3, 3)
참01호.출력('참치선물세트 01호')
```

'공장설명.py'에는 클래스가 아닌 함수와 변수만 선언되어 있는데, 모듈화로 불러와 사용하는 것을 확인할 수 있습니다. 이처럼 클래스, 함수, 변수 등 다양한 코드가 저장된 여러 모듈을 하나의 파일로 불러와 사용할 수도 있습니다.

모듈을 import하는 2가지 방법

모듈을 import하는 2가지 방법을 배워보겠습니다.

방법 ① 모듈의 별명 만들기

모듈의 별명을 만들어 짧게 부를 수 있습니다. 앞서 배운 import 명령을 적고 이어서 영어로 '~으로'라는 뜻의 as와 함께 별명을 붙여줍니다. 예를 들어 '**참치선물세트클래스**'라는 모듈 이름 대신에 '**참클**'이라는 애칭으로 부르고 싶을 때는 다음과 같이 작성합니다.

제1공장.py

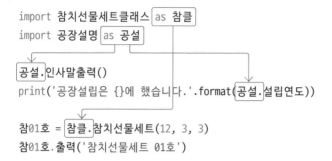

```
import 참치선물세트클래스 as 참클
import 공장설명 as 공설

공설.인사말출력()
print('공장설립은 {}에 했습니다.'.format(공설.설립연도))

참01호 = 참클.참치선물세트(12, 3, 3)
참01호.출력('참치선물세트 01호')
```

이렇게 짧은 별명을 만들면 이후 코드를 작성할 때 훨씬 편하게 작성할 수 있습니다.

방법 ② 모듈 안의 클래스/함수/변수 바로 가져오기

모듈 안의 특정 클래스 또는 함수, 변수를 바로 가져와서 사용하겠다고 선언할 수도 있습니다. 이 경우에는 가져오는(import) 대상이 파일 이름이 아니라, 파일 안의 함수(또는 변수)가 됩니다. 함수를 이렇게 불러오면 현재 작업하는 파일에서 함수를 선언한 것과 동일하게 됩니다. 따라서 이후 코드에서는 모듈 이름을 입력할 필요가 없어지죠.

제1공장.py

```
from 참치선물세트클래스 import 참치선물세트
from 공장설명 import 인사말출력, 설립연도

인사말출력()
print ('공장설립은 {}에 했습니다.'.format(설립연도))

참01호 = 참치선물세트(12, 3, 3)
참01호.출력('참치선물세트 01호')
```

이후 코드에서
모듈 이름을 추가로
부를 필요가 없어요!

239

만약 모듈 안에 있는 클래스, 변수, 함수의 이름을 굳이 쓰지 않고, 모두 부르고 싶다면 '모든 값'을 의미하는 기호인 '*'를 입력하면 됩니다.

제1공장.py

```
from 참치선물세트클래스 import *
from 공장설명 import *

인사말출력()
print ('공장설립은 {}에 했습니다.'.format(설립연도))

참01호 = 참치선물세트(12, 3, 3)
참01호.출력('참치선물세트 01호')
```

모듈의 묶음: 패키지

만약 모듈 파일이 많아져서 정리가 필요하다면 어떻게 할까요? 파일보다 한 단계 상위 개념인 '폴더' 단위로 묶으면 됩니다! 이러한 모듈의 묶음을 패키지Package 라고 합니다. 패키지는 정해진 규칙에 따라 만들어야 합니다. 아주 간단하게 설명하면, 모듈 파일을 묶어줄 폴더를 만들고, 그 안에 모듈 파일을 넣어주면 됩니다. 예를 들어 '참치선물세트클래스.py', '공장설명.py' 모듈을 '참치공장'이라는 패키지로 묶으면 다음과 같은 모습이 됩니다.

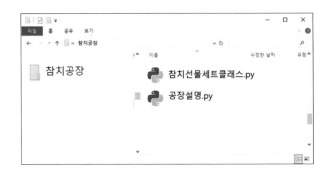

패키지로 저장된 모듈을 사용하는 방법은 다음과 같습니다. 패키지 이름을 먼저 쓰고, 점(.)을 찍은 후 모듈의 이름을 입력해서 import하면 됩니다.

제1공장.py

```
import 참치공장.참치선물세트클래스 as 참클
import 참치공장.공장설명 as 공설

공설.인사말출력()
print ('공장설립은 {}에 했습니다.'.format(공설.설립연도))

참01호 = 참클.참치선물세트(12, 3, 3)
참01호.출력('참치선물세트 01호')
```

실제로 프로그래머가 패키지의 모듈을 import하는 코드 한 줄을 소개합니다.

```
import matplotlib.pyplot as plt
```

앞에서 배운 방법으로 코드를 읽어볼까요? matplotlib이라는 패키지 안에 있는 pyplot이라는 모듈을 불러오는데 별명은 plt라고 지었습니다. 실제로 pyplot 모듈이 저장된 곳을 보면 아래와 같이 matplotlib 폴더 안에 있는 것을 확인할 수 있습니다.

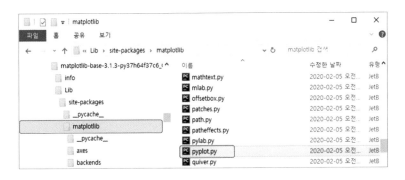

04-7

파이썬에서는
알고 보면 모든 것이 클래스 ①

파이썬에서는 자료형도 클래스!

파이썬에서 기본으로 제공하는 함수(이런 함수를 내장 함수라고 부른다고 했죠?)에는 변수의 자료형을 알 수 있는 type()이라는 함수가 있습니다. 이 함수를 사용해서 3장에서 배웠던 자료형의 형태를 확인해 보겠습니다. 먼저 정수형 변수를 확인해 볼게요.

```
아무거나 = 2022
print(type(아무거나))
```

출력 결과

```
<class 'int'>
```

정수형을 의미하는 'int'라는 글자가 보이네요. 그런데 우리가 4장에서 배운 클래스(class)라는 단어가 사용된 것을 볼 수 있습니다. 이상하죠? 출력 결과에 이렇게 class가 나오는 이유는, 파이썬에서 사용자가 더 쉽게 코딩할 수 있도록 모든 자료형을 클래스로 만들어놓았기 때문입니다.

문자열과 리스트도 마찬가지입니다.

```
아무거나 = '첫코딩'
print(type(아무거나))
```

```
아무거나 = ['첫코딩', '파이썬', 2022]
print(type(아무거나))
```

출력 결과

```
<class 'str'>
```

출력 결과

```
<class 'list'>
```

모든 자료형이 클래스로 되어 있죠?

이렇게 자료형을 클래스로 만들어놓았기 때문에 4장에서 배운 다양한 클래스의 특징을 사용할 수 있습니다. 그 중에서도 점(.)을 붙여 메서드를 사용할 수 있습니다. 사실 메서드를 불러서 사용하는 방법은 우리도 이미 알고 있습니다. 바로 2장에서 배웠던 .format입니다. 2장에서 배웠던 예시를 다시 볼까요?

```
개수 = 20
print('사과{}개'.format(개수))
```

출력 결과

```
사과20개
```

그렇습니다. 이렇게 점(.)과 함께 사용할 수 있었던 이유가 바로, 문자열이 클래스였기 때문입니다. 이렇게 변수가 클래스로 정의되기 때문에 사용 가능한 다양한 메서드들이 있습니다. 하나씩 살펴보겠습니다.

문자열, 리스트, 튜플에서 사용 가능한 메서드

메모리 그릇이 연결된 문자열, 리스트, 튜플 자료형과 함께 사용하는 많은 메서드들이 있습니다. 먼저 3장에서 배운 문자열, 리스트, 튜플의 메모리 그릇을 다시 복습해 볼까요?

변수형	예시	메모리가 저장된 형태
문자열	인사 = '안녕하세요'	
리스트	성적 = [60, '결석', 60, 70]	
튜플	성적 = (60, '결석', 60, 70)	

메모리 그릇이 이어진 형태이니, 다음과 같은 행동을 할 수 있으면 좋겠네요.

① 원하는 값이 몇 번째 메모리 그릇에 있는지 알려주기

② 원하는 값이 몇 개의 메모리 그릇에 있는지 알려주기

③ 메모리 그릇 추가하기

④ 메모리 그릇 삭제하기

⑤ 메모리 그릇의 위치 바꾸기

5가지 기능 중 ③, ④, ⑤는 메모리 그릇의 값 자체를 변형해야 하기 때문에 변경할 수 없는(immutable) 변수인 튜플과 문자열에서는 불가능합니다. 이제, 5가지 기능을 하는 메서드를 하나씩 살펴보겠습니다.

① 원하는 값이 몇 번째 메모리 그릇에 있는지 알려주기

`.index(찾고 싶은 값)`라는 메서드를 사용합니다. 예시는 다음과 같습니다.

```
문자열 = '사과가 좋아, 사과 좋아'
print(문자열.index('좋아'))
```

사과가 좋아
0 1 2 3 4 5

출력 결과

```
4
```

```
리스트 = ['포도', '포도', '바나나']
print(리스트.index('포도'))
```

출력 결과

```
0
```

```
튜플 = ('서울', '부산', '부산')
print(튜플.index('부산'))
```

출력 결과

```
1
```

리스트와 튜플 결과를 보니 두 번 나오는 '**포도**'와 '**부산**' 중에서 처음 나오는 메모리 그릇의 인덱스를 출력하는 것을 확인할 수 있습니다. 또한 문자열은 찾는 문자 중 첫 번째 문자의 위치를 알려줍니다.

반복된 값이 있는 경우에 처음 인덱스만 출력이 되니 좀 아쉽네요. 그래서 다음과 같이 찾고 싶은 값이 몇 개나 있는지 확인하는 메서드가 존재합니다.

② 원하는 값이 몇 개의 메모리 그릇에 있는지 알려주기

개수를 영어로 하면 count입니다. 값이 몇 개나 있는지 알아보는 메서드의 이름도 .count(찾고 싶은 값)입니다. 예시는 다음과 같습니다.

```
문자열 = '사과가 좋아, 사과 좋아'
print(문자열.count('좋아'))
```

출력 결과
2

```
리스트 = ['포도', '포도', '바나나']
print(리스트.count('포도'))
```

```
튜플 = ('서울', '부산', '부산')
print(튜플.count('부산'))
```

출력 결과
2

출력 결과
2

찾는 값이 모두 2개씩 있다고 출력되는 것을 확인할 수 있습니다.

③ 메모리 그릇 추가하기 — 리스트만 가능!

문자열과 튜플은 선언 이후에 값이나 순서를 바꿀 수 없습니다. 따라서 이제부터 나오는 메서드는 우리가 배운 자료형 중에서 리스트만 가능합니다.

먼저 메모리 그릇을 추가해 보겠습니다. 어디에 추가하느냐에 따라 사용하는 메서드가 다릅니다.

기능	함수	영어단어 뜻
맨 뒤에 값 붙이기	.append(붙일 값)	덧붙이다
맨 뒤에 값 여러 개 붙이기	.extend([붙일 값])	길게 만들다
중간에 값 붙이기	.insert(위치, 붙일 값)	끼워 넣다

각각 예시를 살펴볼까요?

```
리스트 = ['포도', '바나나']

리스트.append('딸기')
print(리스트)
```

출력 결과

```
['포도', '바나나', '딸기']
```

```
리스트 = ['포도', '바나나']

리스트.extend(['키위', '수박'])
print(리스트)
```

출력 결과

```
['포도', '바나나', '키위', '수박']
```

```
리스트 = ['포도', '바나나']

리스트.insert(1, '귤')
print(리스트)
```

> 인덱스 1에 '귤'을 끼워 넣으라는 뜻!

출력 결과

```
['포도', '귤', '바나나']
```

영어단어 뜻과 마찬가지로 append는 하나의 값만 붙이고, extend는 여러 개의 값을 붙이며, insert는 중간에 값을 끼워 넣는다는 것을 알 수 있습니다. 이때 insert(1, '귤')은 인덱스 1에 '귤'을 끼워 넣으라는 뜻입니다.

그런데 append와 insert에 리스트 값을 넣으면 extend처럼 여러 개의 값을 넣을 수 있지 않을까요? 아래 예시로 결과를 확인해 보겠습니다.

리스트 = ['포도', '바나나']   리스트 = ['포도', '바나나']

리스트.append(['딸기', '망고'])   리스트.insert(1, ['귤', '레몬'])
print(리스트)   print(리스트)

출력 결과   **출력 결과**

['포도', '바나나', ['딸기', '망고']]   ['포도', ['귤', '레몬'], '바나나']

실행은 되는데, 대괄호[ ] 안에 대괄호[ ]가 하나 더 들어가는 형태로 입력되는 것을 확인할 수 있습니다. 이러한 형태는 한 줄로 쭉 이어진 형태가 아니라고 하여, 다차원 형태라고 합니다.

④ 메모리 그릇 삭제하기 — 리스트만 가능!

이번에는 '값'을 찾아서 삭제하는 메서드와 '몇 번째' 메모리 그릇을 찾아서 삭제하는 메서드를 살펴보겠습니다.

기능	함수	영어단어 뜻
원하는 '값'을 찾아 삭제	.remove(삭제할 값)	제거하다
'인덱스'를 기준으로 삭제	.pop(인덱스)	(풍선을) 펑 터뜨리다

```
리스트 = ['포도', '딸기', '사과',      리스트 = ['포도', '딸기', '사과',
'키위']                              '키위']

리스트.remove('딸기')               리스트.pop(2)
print(리스트)                        print(리스트)
```

<table>
<tr><td>출력 결과</td><td>출력 결과</td></tr>
<tr><td>['포도', '사과', '키위']</td><td>['포도', '딸기', '키위']</td></tr>
</table>

remove로 '딸기'가 제거되었고, pop으로 인덱스 2의 값인 '사과'가 제거되었습니다.

⑤ 메모리 그릇의 위치 바꾸기 — 리스트만 가능!

메모리 그릇의 위치를 변경하는 메서드도 두 가지가 있습니다. 하나는 순서를 반대로 정렬하고, 다른 하나는 글자 순서대로 정렬합니다.

기능	함수	영어단어 뜻
순서를 반대로 변경하기	.reverse()	순서를 뒤집다
글자 순서대로 정리하기	.sort()	정리하다

```
리스트 = ['포도', '망고', '사과',      리스트 = ['포도', '망고', '사과',
'바나나']                            '바나나']

리스트.reverse()                    리스트.sort()
print(리스트)                        print(리스트)
```

<table>
<tr><td>출력 결과</td><td>출력 결과</td></tr>
<tr><td>['바나나', '사과', '망고', '포도']</td><td>['망고', '바나나', '사과', '포도']</td></tr>
</table>

순서를 반대로 하는 reverse는 쉽게 이해가 되죠? sort는 한글의 경우 가, 나, 다 순서로, 영문은 소문자 a, b, c, d부터 시작해 대문자 A, B, C, D 순서로 나열됩니다. 물론 숫자는 0, 1, 2, 3 순서로 나열됩니다.

참고로 여기서 말하는 순서는 좀 더 정확히 말하면 '첫 번째 글자의 유니코드 값의 순서'입니다. 영문 글자는 아스키 코드, 한글 글자는 유니코드 값을 출력하는 ord()라는 함수가 있는데, 이 함수를 사용해서 각 글자의 앞글자인 '망', '바', '사', '포'의 유니코드 값을 출력해 보겠습니다.

```
print(ord('망'), ord('바'), ord('사'), ord('포'))
```

출력 결과

```
47581 48148 49324 54252
```

sort가 첫 번째 글자의 유니코드 값 순서대로 잘 정렬되었음을 알 수 있습니다.

만약 '첫 번째 글자의 유니코드 값'의 반대 방향으로 정렬하고 싶다면, 다음과 같이 reverse = True라는 값을 추가하면 됩니다.

```
리스트 = ['포도', '망고', '사과', '바나나']

리스트.sort(reverse = True)
print(리스트)
```

출력 결과

```
['포도', '사과', '바나나', '망고']
```

코딩 실습 20　리스트에서 메서드 사용하기

▶ 동영상 강의

문제 리스트 자료형은 대량의 자료를 다룰 때 많이 사용됩니다. 하루 일과를 리스트로 만들어서 리스트의 메서드를 연습해 보세요.

```
할일 = ['기상', '식사', '책읽기', '식사'] # 건강 식단, 하루 두 끼

print("'책읽기'의 인덱스는 {}입니다.".format(할일.index('책읽기')))
print("할일 중 '식사'는 {}번 있습니다.".format(할일.count('식사')))

할일.append('운동') # 식사 후 운동이 빠졌네!
print(할일)

할일.extend(['게임', '잠']) # 운동 후 저녁 일정도 넣자
print(할일)

할일.insert(2, '샤워') # 참, 아침엔 샤워를 해야지
print(할일)

할일.remove('게임') # 게임할 시간은 없을 것 같아
print(할일)

할일.pop(1) # 오늘은 바쁘니 아침 식사는 빼자
print(할일)

할일.reverse() # 저녁 일정부터 반대로 정리
print(할일)

할일.sort() # 가나다 순으로 정리
print(할일)
```

> 주석 내용은 입력하지 않아도 됩니다!

코드를 입력하고 위쪽 [Run] 버튼을 누르면 아래쪽에 결과 화면이 나타납니다.

출력 결과

'책읽기'의 인덱스는 2 입니다.
할일 중 '식사'는 2번 있습니다.
['기상', '식사', '책읽기', '식사', '운동']
['기상', '식사', '책읽기', '식사', '운동', '게임', '잠']
['기상', '식사', '샤워', '책읽기', '식사', '운동', '게임', '잠']
['기상', '식사', '샤워', '책읽기', '식사', '운동', '잠']
['기상', '샤워', '책읽기', '식사', '운동', '잠']
['잠', '운동', '식사', '책읽기', '샤워', '기상']
['기상', '샤워', '식사', '운동', '잠', '책읽기']

파이썬에서는
알고 보면 모든 것이 클래스 ②

딕셔너리는 리스트, 튜플 등과 달리 값이 저장되는 형태가 다르기 때문에 메서드도 다릅니다. 이번에는 딕셔너리의 메서드를 살펴보겠습니다.

먼저 딕셔너리의 메모리 그릇 형태를 다시 짚어보겠습니다.

성적 = {'승준':60, '은희':'결석', '태호': 60, '지영':70}

key와 value가 짝으로 이루어진 것을 확인할 수 있습니다. 딕셔너리 자료형에는

253

다음과 같은 메서드가 있으면 좋겠네요.

① key 값만 뽑아내기

② value 값만 뽑아내기

③ key 값으로 찾아서 삭제하기

④ key-value 쌍 추가하기

key 값만 뽑아내기

key 값만 뽑아내는 메서드는 .keys()입니다. 뽑아낸 값은 특수한 변수형인 dict_keys라는 형태로 저장되는데, dict_keys가 무엇인지 굳이 알 필요는 없습니다. 다만, 뽑아낸 keys 값을 우리에게 익숙한 리스트 또는 튜플로 쉽게 변경할 수 있습니다. 아래 예시를 살펴보세요.

```
딕셔너리 = {'이름':'첫코딩', '초판':2020, '출판사':'이지스'}

키값만 = 딕셔너리.keys()
print(키값만)

리스트로 = list(키값만)  ──→ key 값을 리스트로!
print(리스트로)

튜플로 = tuple(키값만)  ──→ key 값을 튜플로!
print(튜플로)
```

출력 결과

```
dict_keys(['출판사', '이름', '초판'])
['출판사', '이름', '초판']
('출판사', '이름', '초판')
```

> 딕셔너리에는 순서가 없습니다! 따라서 임의의 순서로 출력됩니다.

딕셔너리에서 key 값만 뽑아내고 각각 리스트와 튜플로 바꿔 저장했습니다.
keys() 메서드는 반복문으로 처리해 자주 사용됩니다. key 값만 뽑아내 출력하
는 반복문은 다음과 같습니다.

```
딕셔너리 = {'이름':'첫코딩', '초판':2020, '출판사':'이지스'}

for 키값 in 딕셔너리.keys():
    print(키값)
```

출력 결과

```
초판
출판사
이름
```

value 값만 뽑아내기

value 값만 뽑아내는 메서드는 .values()입니다. keys() 메서드와 비슷하게 특
수한 변수형인 dict_values라는 형태로 저장되고, 리스트와 튜플로 변환이 가능
합니다.

```
딕셔너리 = {'이름':'첫코딩', '초판':2020, '출판사':'이지스'}

벨류만 = 딕셔너리.values()
print(벨류만)

리스트로 = list(벨류만)  ⟶ value 값을 리스트로!
print(리스트로)

튜플로 = tuple(벨류만)  ⟶ value 값을 튜플로!
print(튜플로)
```

```
dict_values(['첫코딩', 2020, '이지스'])
['첫코딩', 2020, '이지스']
('첫코딩', 2020, '이지스')
```

`.values()` 메서드도 아래와 같은 방법으로 반복문과 결합해 자주 사용됩니다.

```
딕셔너리 = {'이름':'첫코딩', '초판':2020, '출판사':'이지스'}

for 벨류값 in 딕셔너리.values():
    print(벨류값)
```

```
첫코딩
2020
이지스
```

key 값으로 찾아서 삭제하기

이번에는 값을 삭제하는 방법을 알아보겠습니다.

딕셔너리는 key와 value의 짝은 있지만, 리스트나 튜플과 달리 순서가 없습니다. 따라서 인덱스로 값을 찾아서 삭제할 수 없습니다. 대신 key 값으로 찾아서 삭제합니다. 이때 사용되는 메서드는 앞서 리스트에서도 사용했던 .pop()으로, 괄호 안에 인덱스 값이 아닌 key 값을 입력해 사용합니다. 참고로, value 값으로 찾아서 삭제하는 방법은 없습니다.

```
딕셔너리 = {'이름':'첫코딩', '초판':2020, '출판사':'이지스'}

딕셔너리.pop('초판')
print(딕셔너리)
```

```
{'이름':'첫코딩', '출판사':'이지스'}
```

key-value 쌍 추가하기

이번엔 key-value 쌍을 추가하는 방법을 알아보겠습니다.

그런데 key-value 쌍을 추가할 때는 메서드가 필요 없습니다. 왜냐하면 딕셔너리
에는 순서가 없기 때문에, 리스트처럼 '어디에 추가하느냐'를 지정하는 것이 무의
미하기 때문입니다. 따라서 아래와 같이 새로운 짝을 간단히 추가할 수 있습니다.

```
딕셔너리 = {'이름':'첫코딩', '초판': 2020, '출판사':'이지스'}

딕셔너리['주소'] = '마포구 잔다리로'
print(딕셔너리)
```

```
{'출판사':'이지스', '이름':'첫코딩', '초판':2020, '주소':'마포구 잔다리로'}
```

궁금해요! 모든 코드를 암기하고 있어야 하나요?

이쯤이면 '이렇게 많은 기능을 어떻게 다 외우지?' 하고 걱정할 수도 있습니다. 하지만 통합 개발 환경(Integrated Development Environment)에서 코딩한다면, 이러한 걱정은 필요 없습니다.

1. 속성

통합 개발 환경에서는 기본적으로 클래스 또는 인스턴스 다음에 점(.)을 찍으면, 해당 클래스의 속성을 드롭다운 메뉴로 보여줍니다. 그리고 각 속성에 대한 간단한 설명까지도 보여줍니다.

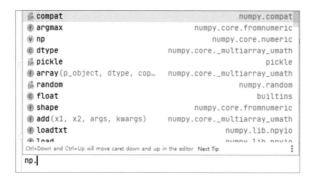

2. 클래스

클래스의 생성자 및 클래스와 관련된 다양한 메서드를 자동으로 만들어주는 기능도 있습니다. 예를 들어 Generate를 클릭하고 Overide를 선택하면, 초기화 함수를 포함해 기본으로 제공하는 함수들을 쉽게 만들 수 있습니다.

3. 자주 쓰는 문장

마지막으로 자주 사용하는 문장을 자동으로 완성해 주는 기능도 있습니다. 앞 글자 몇 개만 입력하면, 드롭다운 메뉴에 입력 가능한 코드가 쭈욱 표시돼 원하는 것을 선택하면 자동으로 완성됩니다.

이처럼 통합 개발 환경에서 코딩을 하면 손쉽게 코드를 작성할 수 있습니다. 따라서 클래스의 메서드나 변수를 일일이 외울 필요가 전혀 없습니다. 걱정 마세요!

코딩 실습 21　딕셔너리에서 메서드 사용하기

▶ 동영상 강의

문제 딕셔너리는 짝을 이루는 자료를 저장할 때 사용됩니다. 이번 실습에서는 딕셔너리의 메서드 연습을 위해 개인정보에 관한 짧은 딕셔너리를 만들어보겠습니다.

```
이름 = input('이름: ')
나이 = int(input('나이: '))

개인정보 = {'이름':이름, '나이':나이}

for 키만 in 개인정보.keys():──┐
    print('- 키: ', 키만)      ├── key 값만 출력

for 벨류만 in 개인정보.values():─┐
    print('- 값:', 벨류만)        ├── value 값만 출력

주소 = input('주소: ')
개인정보['주소'] = 주소  ⟵── key-value 쌍 추가하기
print(개인정보)

삭제할키 = input('삭제할 키: ')
개인정보.pop(삭제할키)  ⟵── key 값으로 찾아 삭제하기
print(개인정보)
```

결과 코드를 입력하고 위쪽 [Run] 버튼을 눌러보세요. 이름과 나이의 값을 입력하면 key 정보와 value 정보가 출력되는 것을 확인할 수 있습니다.

그리고 주소 값을 입력하면 주소 쌍이 딕셔너리에 추가된 것을 확인할 수 있습니다. 마지막으로 삭제하고 싶은 key 값을 입력하면 해당하는 key 와 value가 삭제됨을 확인할 수 있습니다.

출력 결과

```
이름: 첫코딩
나이: 3
 - 키:  이름
 - 키:  나이
 - 값: 첫코딩
 - 값: 3
주소: 서울시
{'이름': '첫코딩', '나이': 3, '주소': '서울시'}
삭제할 키: 나이
{'이름': '첫코딩', '주소': '서울시'}
```

05

·

진짜 코딩하려면
여기까지 알아야 해

코딩의 기본기술인 조건문과 반복문
그리고 클래스에 대해 배웠습니다.
이번에는 간단한 게임을 만들면서
자주 사용하는 응용기술을 배워보겠습니다.

05-1

베라 31
게임 만들기

여러 사람이 모였을 때 하는 '베스킨라빈스 31'('베라 31'이라고 부르겠습니다) 게임을 아시나요? 첫 번째 게임 참여자가 1부터 시작해서 1개~3개의 연속된 숫자를 부르며 게임이 진행되는데, 마지막 숫자인 31을 부르는 사람이 지는 게임입니다. 지금까지 배운 내용을 활용해 이 게임을 만들어보겠습니다!

게임을 만드는 동안 바로바로 코드를 입력해 실습해 보세요! 더 흥미진진하게 학습할 수 있습니다.

1단계 단순하게 생각하기

아무리 복잡한 프로그램이라도 처음 시작은 전체의 흐름을 단순화해서 표현한 몇 줄의 코드일 뿐입니다. '베라 31' 게임의 흐름을 먼저 생각해 보겠습니다. 단순화를 위해서 혼자 게임을 하는 것으로 가정해 보겠습니다. 게임의 흐름을 그림으로 그려보면 다음과 같습니다.

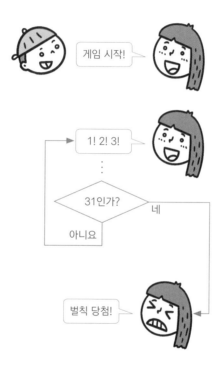

이렇게 가정한 게임으로 코드를 작성하면 다음과 같습니다.

▶ 동영상 강의

```
print('게임 시작!')
```

```
게임수 = 0

while True:
    입력값= int(input('숫자 몇 개를 부를 건가요? (1~3):'))

    게임수 = 게임수 + 입력값

    if(게임수 >= 31):
        break
print('벌칙 당첨!')
```

앞에서 배운 반복문, 조건문이 사용된 것이 보이나요?

'게임수'라는 변수에 31이 담길 때까지 반복해서 숫자를 부르고, 31에 도달하면 **'벌칙 당첨!'** 문자를 출력합니다. 실제 게임에서는 '오! 육!' 하고 숫자를 직접 부르지만, 코드에서는 숫자를 몇 개 부를지 숫자로 입력받아 그 전 값에 더해 주는 방식을 사용하겠습니다.

위 코드를 입력해 직접 게임해 보세요!

출력 결과

```
게임 시작!
숫자 몇 개를 부를 건가요? (1~3) :3
숫자 몇 개를 부를 건가요? (1~3) :2
숫자 몇 개를 부를 건가요? (1~3) :3
(...중략...)
벌칙 당첨!
```

게임이 잘 진행되긴 하는데 중간에 숫자가 몇까지 왔는지 알 수가 없네요. 그때그때 결과가 출력되도록 코드를 추가해 보겠습니다.

2단계 입력값 출력하기

입력된 1~3 사이의 숫자를 활용해서 '1! 2!'처럼 숫자를 출력하는 코드를 추가해 보겠습니다.

만약 이전에 10까지 진행이 되었을 때('게임수'에 10의 값이 저장되어 있을 때) 입력값이 3이라면, 11! 12! 13!을 출력해야 합니다. 즉 '게임수'보다 1 큰 수부터 시작해 '입력값의 개수'만큼 연이어 출력하는 반복문을 사용하면 됩니다. 코드의 위치는 '입력값'을 입력받는 코드 다음에 추가하면 됩니다.

```
print('게임 시작!')
```

```
게임수 = 0

while True:
    입력값= int(input('숫자 몇 개를 부를 건가요? (1~3):'))

    for 숫자 in range(입력값):
        print('{}!'.format(게임수 + 1 + 숫자))
```

```
    게임수 = 게임수 + 입력값

    if(게임수 >= 31):
        break
print('벌칙 당첨!')
```

만약 게임 참여자가 '**입력값**'으로 3을 입력했다면, for문의 '**숫자**'에는 처음에는
0, 두 번째 반복할 때는 1, 세 번째 반복할 때는 2가 들어갑니다. 그리고 그때마다
`.format()`을 통해 숫자가 출력되죠.
코드를 추가하고 게임을 실행해 보세요!

출력 결과

```
게임 시작!
숫자 몇 개를 부를 건가요? (1~3) :3
1!
2!
3!
숫자 몇 개를 부를 건가요? (1~3) :2
4!
5!
(...중략...)
```

3단계 두 번째 참가자 만들기

혼자 게임을 하니 재미가 없네요. 두 번째 참가자를 등장시켜 보겠습니다. 그런데
생각해 보면 두 번째 참가자의 행동이 첫 번째 참가자의 행동과 다르지 않습니다.
따라서 첫 번째 참가자의 입력을 받기 위해 사용했던 코드를 복사해서 붙여넣으
면 됩니다. 다만 참가자에게 입력을 받을 때 누구의 순서인지 알려주면 좋겠네요.
그래서 `input()`의 출력문을 살짝 고쳐보겠습니다.

```
print('게임 시작!')
```
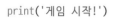

```
게임수 = 0
```

```
while True:
    입력값= int(input('[참가자1] 숫자 몇 개를 부를 건가요? (1~3):'))

    for 숫자 in range(입력값):
        print ('{} !'.format(게임수 + 1 + 숫자))

    게임수 = 게임수 + 입력값

    if(게임수 >= 31):
        break
```

```
    입력값= int(input('[참가자2] 숫자 몇 개를 부를 건가요? (1~3):'))

    for 숫자 in range(입력값):
        print ('{}!'.format(게임수 + 1 + 숫자))

    게임수 = 게임수 + 입력값

    if(게임수 >= 31):
        break
```

```
print('벌칙 당첨!')
```

코드를 실행하면, 짠! 기본적인 베라31 게임이 만들어졌습니다.

출력 결과

게임 시작!
[참가자1] 숫자 몇 개를 부를 건가요? (1~3) :3
1!
2!
3!
[참가자2] 숫자 몇 개를 부를 건가요? (1~3) :2
4!
5!
(...중략...)
[참가자1] 숫자 몇 개를 부를 건가요? (1~3):1
31!
벌칙 당첨!

05-2

게임 속 '아무거나'를 코드로 만들기
— 랜덤

음식점에서 뭘 먹을지 고를 때, 누군가가 '아무거나' 선택해 주면 좋겠다는 생각을 할 때가 있습니다. 가끔 입맛에 안 맞는 음식이 걸릴 수도 있겠지만, 여러 음식 중에서 무엇을 먹을지 매번 고민하지 않아도 되니까요. 코딩에서도 '아무거나 골라주기' 기술이 있습니다. 그런데 이런 기술이 왜 필요할까요? 고전 게임인 '팩맨 PACMAN'을 같이 보겠습니다.

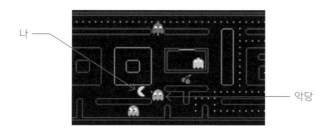

게임 방법은 간단합니다. 입을 벌리고 있는 노란색 동그라미('나')가 유령 모양의
'악당'을 피해서 '점'을 모두 먹으면 됩니다.

그런데 그림을 보니, 파란색 악당이 바로 앞에 있네요.

- 파란색 악당이 나에게 올까요? 아니면,
- 다른 곳으로 갈까요?

이러한 결정을 컴퓨터가 어떻게 내릴까요?

랜덤 숫자 의미 이해하기

'아무거나'를 구현할 때 무작위 수라고 불리는 **랜덤**^{Random} **숫자**가 사용됩니다(사
실 랜덤 숫자에는 특별한 수학적 알고리즘이 있습니다. 하지만 알고리즘의 원리까지 알
필요는 없습니다). 랜덤 숫자의 특징을 이해하기 위해 MS 엑셀에서 자동으로 랜덤
숫자를 만들어보겠습니다.

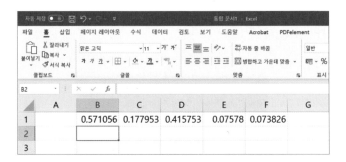

MS 엑셀에서 랜덤 숫자를 만드는 명령어인 '=RAND()'를 사용해서 5개의 랜덤 숫
자를 만들어보았습니다. 어떻게 보이나요? 각기 다른 소수점 숫자들이 보이네요.

네, 그렇습니다. 보통 랜덤 숫자라고 하면, 0보다 크고 1보다 작은 무작위 숫자를 의미합니다.

1단계 랜덤 숫자로 의사결정하는 방법

여기서 한 가지 궁금증이 생깁니다. 소수점 숫자들로 어떻게 의사결정을 할까요? 예를 들어 위 예시 게임에서 악당 유령이 4가지 방향(위, 아래, 왼쪽, 오른쪽) 중 하나를 선택해 움직이게 하려면 어떻게 하면 될까요? 아래와 같은 방식으로 소수점 숫자를 가공하면 됩니다.

간단히 말해 랜덤 숫자를 정수로 만든 다음, 어떤 숫자로 나누면 됩니다. 여기서는 마지막에 4로 나누었지요? 정수 숫자를 4로 나누면 나올 수 있는 나머지는 0, 1, 2, 3입니다. 즉 4가지 경우가 나옵니다. 악당 유령이 선택할 수 있는 4가지 방향과 동일하죠. 즉, **랜덤 숫자를 이용해 X가지의 가능성 중 하나를 선택하게 하려면, 랜덤 숫자를 정수로 만든 다음 X로 나누고 그 나머지 값을 사용하면 됩니다.** 나머지 값을 자주 사용해서일까요? 일상생활에서 잘 사용하지 않는 산수인데도 불구하고, 프로그래밍에는 나머지를 구하는 수식이 기본으로 있습니다. 바로 '%' 입니다.

```
5 % 4 = 1
# 5를 4로 나누었을 때의 나머지는 1
7 % 5 = 2
# 7을 5로 나누었을 때의 나머지는 2
```

2단계 베라 31 게임에 컴퓨터 참가자 추가하기

동영상 강의

방금 배운 랜덤 숫자를 활용하면 '베라 31' 게임에 컴퓨터 참가자
를 추가해 랜덤으로 숫자를 입력하게 할 수 있습니다. 파이썬에서
는 원하는 정수값을 바로 만들어주는 randint()라는 함수가 random 패키지에 있
습니다.

random 패키지와 randint() 함수는 아래와 같이 사용할 수 있습니다.

```
import random

print(random.randint(1, 3))
```

이렇게 입력하고 실행하면 1, 2, 3 중 하나의 값이 임의로 선택이 됩니다. 다음
과 같이 random.randint() 대신에 randint()만 사용하는 것도 가능합니다.

```
from random import *    → random 패키지의 모든 것 불러오기

print(randint(1, 3))
```

이제 위 코드를 앞에서 만든 '베라 31' 코드에 추가해 볼까요?

패키지를 불러오는 import 명령은 코드의 맨 위에, randint() 함수는 두 번째 참

가자의 '**입력값**' 대신에 넣으면 됩니다.

(import 명령은 패키지를 사용하기 전에만 입력하면 되지만, 보통 코드의 맨 위에 넣어줍
니다.)

```
from random import *

print('게임 시작!')

게임수 = 0

while True:
    입력값 = int(input('[참가자1] 숫자 몇 개를 부를 건가요? (1~3):'))

    for 숫자 in range(입력값):
        print('{}!'.format(게임수 + 1 + 숫자))

    게임수 = 게임수 + 입력값

    if(게임수 >= 31):
        break

    입력값 = randint(1, 3)

    for 숫자 in range(입력값):
        print('{}!'.format(게임수 + 1 + 숫자))

    게임수 = 게임수 + 입력값

    if(게임수 >= 31):
        break

print('벌칙 당첨!')
```

이제 '베라 31' 게임으로 컴퓨터와 대결이 가능해졌습니다. 그런데 위 코드를 실행하면 다음과 같이 나옵니다.

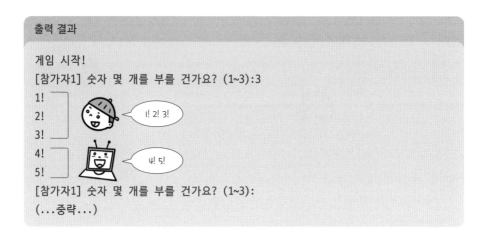

```
출력 결과

게임 시작!
[참가자1] 숫자 몇 개를 부를 건가요? (1~3):3
1!
2!
3!
4!
5!
[참가자1] 숫자 몇 개를 부를 건가요? (1~3):
(...중략...)
```

내가 부른 숫자 다음에 곧바로 컴퓨터가 불러버리니, 조금 혼동이 있네요. 컴퓨터 차례라는 것을 정확히 보여주기 위해서 출력문을 하나 더 넣으면 됩니다.

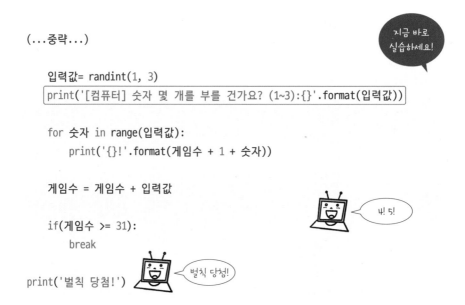

```
(...중략...)

입력값= randint(1, 3)
print('[컴퓨터] 숫자 몇 개를 부를 건가요? (1~3):{}'.format(입력값))

for 숫자 in range(입력값):
    print('{}!'.format(게임수 + 1 + 숫자))

게임수 = 게임수 + 입력값

if(게임수 >= 31):
    break

print('벌칙 당첨!')
```

지금 바로 실습하세요!

다시 실행하면 컴퓨터가 숫자를 부르기 전에 컴퓨터 순서임을 알려주는 문자가
나와서 명확하게 구분이 됩니다.

출력 결과

```
게임 시작!
[참가자1] 숫자 몇 개를 부를 건가요? (1~3):3
1!
2!
3!
[컴퓨터] 숫자 몇 개를 부를 건가요? (1~3):2
4!
5!
(...중략...)
```

05-3

서커스 곡예의 그물망
― 예외처리

예외처리 이해하기

서커스를 본 적이 있나요? 아래 그림은 서커스에서 볼 수 있는 곡예넘기입니다.
아찔한 높이에서 공중곡예를 하는 곡예사들을 보고 있으면 저절로 손에 땀이 납
니다.

그물망이 필요한 곡예넘기

이런 아찔한 곡예는 꼭 바닥에 그물망을 치고 합니다. 혹시 실수로 곡예사가 떨어질 경우를 대비한 안전장치죠. 그럼 아래 그림은 어떤가요?

그물망이 필요 없는 묘기

똑같이 묘기이긴 하지만 그렇게 위험해 보이지 않습니다. 바닥에 굳이 그물망을 칠 필요도 없을 것 같네요.

프로그래밍에도 위험도에 따라 그물망이 존재한다면 믿어지나요? 이름도 '도전 – 실수하면 - (그물망으로) 특별한 경우로 처리'라는 뜻으로 try ~ except입니다. except의 명사형인 exception의 뜻을 확인해 볼까요?

exception
1. (일반적인 상황의) 예외
2. (법칙을 따르지 않는) 이례

단어의 뜻과 같이 try ~ except문은 프로그래밍에서 간혹 예외적으로 발생할 수 있는 오류를 처리하는 구문으로 '**예외**exception**처리**'라고 합니다. 위험한 곡예를 할 때 그물망을 쳐서 곡예사를 보호하는 것처럼, 실수가 나올 수 있는 명령어를 try로 둘러싸면 오류가 발생하는 경우에 프로그램이 종료되지 않고 except에서 정의한 코드가 대신 실행됩니다.

```
try:

    # 오류가 날 만한 코드              ┐── 도전의 공간

except:

    # 오류가 났을 때 실행할 코드         ┐── 실패했을 때 그물망 공간
```

1단계 베라 31 게임에서 예외처리가 필요한 코드 찾기

'베라 31' 게임 코드에도 예외처리가 필요한 부분이 있을까요? 일반적으로 예외처리는 예상하지 못한 값이 들어오는 경우에 대비해 많이 사용합니다. '예상하지 못한 값'이라면 참가자에게 값을 입력받는 순간이겠네요.

입력값= int(input('[참가자1] 숫자 몇 개를 부를 건가요? (1~3): '))

위 코드에서 우리는 몇 가지 예외적인 경우를 예상할 수 있습니다.
　－ 첫 번째 경우: 1, 2, 3 숫자가 아닌 다른 숫자(예를 들면 숫자 5)를 입력한 경우
　－ 두 번째 경우: 1, 2, 3 숫자가 아닌 문자를 입력한 경우

지금까지 우리가 작성한 코드에서 첫 번째 경우처럼 숫자 5를 입력하면 다음과 같은 결과가 나옵니다.

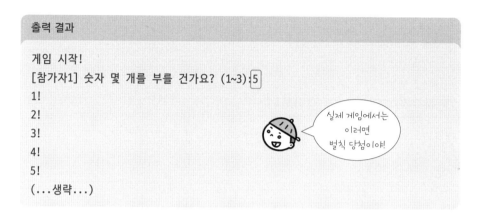

오류가 발생하지는 않지만, 우리의 의도와 전혀 다른 결과가 실행되네요.

그럼 두 번째 경우처럼 문자를 입력하면 어떨까요?

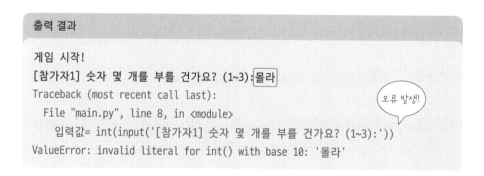

이번에는 오류 메시지가 나타나네요. 입력된 값 '**몰라**'를 정수형 숫자로 변경할 수 없기 때문입니다.

두 경우 모두 '예외'적인 상황이지만, 대응 방식은 다릅니다.

첫 번째 경우는 조건문을 사용해 미리 예외적인 경우를 막아야 합니다. 두 번째 경우는 try ~ except를 사용해서 오류에 대처해야 합니다. 그럼 두 경우를 미리 대비해 코드를 수정해 보겠습니다.

2단계 예외처리를 위해 감싸주기

예외처리가 필요한 코드 부분을 이해했으니, 이제 해당 코드 위아래로 안전그물망을 쳐보겠습니다.

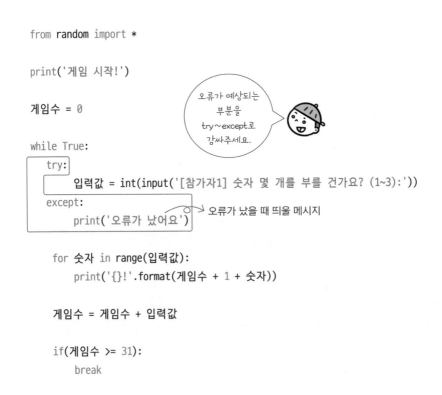

```
from random import *

print('게임 시작!')

게임수 = 0

while True:
    try:
        입력값 = int(input('[참가자1] 숫자 몇 개를 부를 건가요? (1~3):'))
    except:
        print('오류가 났어요')

    for 숫자 in range(입력값):
        print('{}!'.format(게임수 + 1 + 숫자))

    게임수 = 게임수 + 입력값

    if(게임수 >= 31):
        break
```

오류가 예상되는 부분을 try~except로 감싸주세요.

오류가 났을 때 띄울 메시지

```
    입력값 = randint(1, 3)
    print('[컴퓨터] 숫자 몇 개를 부를 건가요? (1~3):{}'.format(입력값))

    for 숫자 in range(입력값):
        print('{}!'.format(게임수 + 1 + 숫자))

    게임수 = 게임수 + 입력값

    if(게임수 >= 31):
        break

print('벌칙 당첨!')
```

위 코드를 실행하고 문자 '**몰라**'를 입력해 보겠습니다.

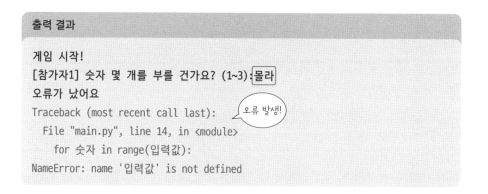

게임 시작!
[참가자1] 숫자 몇 개를 부를 건가요? (1~3):몰라
오류가 났어요
Traceback (most recent call last):
  File "main.py", line 14, in <module>
    for 숫자 in range(입력값):
NameError: name '입력값' is not defined

try ~ except가 적용되어 '오류가 났어요'라는 문장이 출력되었네요! 예외처리
가 정상적으로 작동된 것 같습니다. 그런데 또 오류가 났네요? 왜 그럴까요?

283

3단계 정상 값을 입력받을 때까지 예외처리 계속하기

▶ 동영상 강의

예외처리를 해도 오류가 나는 이유는 print('오류가 났어요') 다음에 이어진 for 반복문에서 변수 '입력값'을 사용해야 하는데, try ~ except가 실행되어 '입력값'에 아무 값도 담기지 않았기 때문입니다.

그럼 이 문제를 어떻게 해결해야 할까요? try 안에 반복문을 사용해서 값을 정상적으로 받을 때까지 계속 input()을 실행하면 됩니다. 이렇게 말이죠!

```
while True:    ── 무한루프!
    try:
        입력값 = int(input('[참가자1] 숫자 몇 개를 부를 건가요? (1~3):'))
        break
    except:                              ── 문자를 입력하면 나타날 메시지
        print('잘못 입력했습니다. 숫자를 입력하세요')
```

정상적인 값이 입력될 때까지 계속 반복하도록 무한루프를 만들었습니다. 만약 참가자가 정상적인 값을 입력하면 input()이 실행되고 break가 실행되어, 반복문 밖으로 나갑니다. 하지만 참가자가 정상적인 값을 입력하지 않으면 input()이 실행되지 않고 except로 바로 넘어가서 무한루프가 계속됩니다.

그런데, 위 코드로는 4, 5처럼 범위를 벗어난 숫자를 입력했을 때는 오류를 잡아내지 못합니다. 따라서 입력값이 1~3 사이의 값인지도 한 번 더 검사하는 조건문을 추가합니다.

```
while True:
    try:
        입력값 = int(input('[참가자1] 숫자 몇 개를 부를 건가요? (1~3):'))

        if 입력값 >=1 and 입력값 <=3:
            break
        else:
            print('1에서 3사이의 숫자만 입력하세요')
    except:
        print('잘못 입력했습니다. 숫자를 입력하세요')
```

1~3 사이의 숫자인지
판단하는 조건문

이제 코드가 다 완성되었습니다! 전체 코드를 보겠습니다.

지금 바로
실습하세요!

```
from random import *

print('게임 시작!')

게임수 = 0

while True:
```

예외처리하는 부분

```
while True:
    try:
        입력값 = int(input('[참가자1] 숫자 몇 개를 부를 건가요? (1~3):'))

        if 입력값 >=1 and 입력값 <=3:
            break
        else:
            print('1에서 3사이의 숫자만 입력하세요')
    except:
        print('잘못 입력했습니다. 숫자를 입력하세요')
```

```
for 숫자 in range(입력값):
```

```
            print('{}!'.format(게임수 + 1 + 숫자))

        게임수 = 게임수 + 입력값

        if(게임수 >= 31):
            break

        입력값 = randint(1, 3)
        print('[컴퓨터] 숫자 몇 개를 부를 건가요? (1~3):{}'.format(입력값))

        for 숫자 in range(입력값):
            print('{}!'.format(게임수 + 1 + 숫자))

        게임수 = 게임수 + 입력값

        if(게임수 >= 31):
            break

    print('벌칙 당첨!')
```

위 코드를 입력하고 [Run] 버튼을 누른 후 여러 가지 값을 입력해 보세요!

출력 결과

게임 시작!
[참가자1] 숫자 몇 개를 부를 건가요? (1~3):몰라
잘못 입력했습니다. 숫자를 입력하세요
[참가자1] 숫자 몇 개를 부를 건가요? (1~3):5
1에서 3사이의 숫자만 입력하세요
[참가자1] 숫자 몇 개를 부를 건가요? (1~3):2
1!
2!
[컴퓨터] 숫자 몇 개를 부를 건가요? (1~3):2
3!

오류 없이 잘 실행되는 것을 확인할 수 있습니다. 이렇게 예상되는 오류 상황에 대한 예외처리를 통해서 실행 코드가 중간에 비정상적으로 종료되는 것을 막을 수 있습니다.

4단계 함수를 사용해서 본문 코드 단순화하기

점점 코드가 길어지고 있습니다. 이렇게 코드가 길어지면 전체적인 흐름을 이해하기 어려울 수도 있습니다. 앞서 배운 함수를 이용하면 다음과 같이 내부 반복문을 함수로 만들 수 있습니다.

지금 바로 실습하세요!

```python
from random import *

def 원하는정수값받기(질문):
    while True:
        try:
            입력값= int(input(질문))
            if 입력값 >= 1 and 입력값 <= 3:
                break
            else:
                print('1에서 3사이의 숫자만 입력하세요')
        except:
            print('잘못 입력했습니다. 숫자를 입력하세요')

    return 입력값
```

— 예외처리를 위해 만든 함수

↓ 다음 페이지로 이어집니다.

```
print('게임 시작!')

게임수 = 0

while True:
    입력값 = 원하는정수값받기('[참가자] 숫자 몇 개를 부를 건가요? (1~3):')

        for 숫자 in range(입력값):
            print('{}!'.format(게임수 + 1 + 숫자))

        게임수 = 게임수 + 입력값

        if(게임수 >= 31):
            break

    입력값= randint(1,3)
    print('[컴퓨터] 숫자 몇 개를 부를 건가요? (1~3):{}'.format(입력값))

        for 숫자 in range(입력값):
            print('{}!'.format(게임수 + 1 + 숫자))

        게임수 = 게임수 + 입력값

        if(게임수 >= 31):
            break

print('벌칙 당첨!')
```

궁금해요! 실생활에서 접할 수 있는 예외처리

만약 시스템에서 오류가 발생했는데 이를 받아서 처리하는 try ~ except문이 없으면, 프로그램은 비정상적으로 종료됩니다. 예를 들어 안드로이드폰에서는 예외처리를 한 경우와 하지 않은 경우, 각각 다음과 같이 나타납니다.

예외처리 없이 오류가 발생해 강제로 종료된 화면   예외처리를 한 오류 화면

둘 다 오류가 발생했을 때의 화면이지만 try ~ except로 오류 상황에 대비해 두었다면, 프로그램이 무조건 종료되는 현상을 방지할 수 있습니다. 더 나아가 오른쪽 그림과 같은 메시지를 띄우면, 개발자가 예상 못했던 각종 오류를 사용자가 개발자에게 보내줄 수도 있습니다.

여러분이 만든 프로그램이 어떤 기종, 어떤 환경에서 돌아갈지 누구도 예측할 수 없습니다. 따라서 예외처리를 잘해서 프로그래밍하면, 사용자 입장에서는 프로그램에 대한 신뢰도가 높아지고, 개발자 입장에서도 프로그램 오류를 수정하는 데 많은 도움이 됩니다.

05-4

일부러 프로그램 잠재우기
— sleep

혹시 어떤 가게에 들어가려다가, (어떠한 이유로든) 밖에서 한참 서성인 적이 있지 않나요? 그냥 바로 행동하면 되는데, 의도적으로 시간을 지연해서 늦게 시작한 경우는 없었나요?

살다 보면 가끔은 일부러 한 박자 느리게 하는 경우가 있습니다. 컴퓨터도 이렇게 일부러 늦게 처리하는 경우가 있습니다. 컴퓨터의 생명은 속도라고 했는데 일부러 늦게 처리한다니, 이상한가요?

Sleep이 필요한 순간

3장에서 연습했던 구구단 출력 코드를 생각해 볼까요? 몇십 줄의 결과물이 한번에 출력이 되었죠? 컴퓨터의 속도가 엄청 빠르다 보니, 사람의 눈이 쫓아가기에는 너무 빠른 출력이었습니다. 이와 같은 경우 사람의 눈높이를 맞추기 위해서 컴퓨터를 잠시 중지시킬 때가 있는데, 이때 사용되는 함수가 컴퓨터를 잠재운다는 의미의 sleep입니다.

sleep을 이용하기 위해서는 sleep 함수가 있는 time 패키지를 import해야 합니다. 파이썬 코드는 다음과 같습니다.

```
import time

print('다음 문장은 5초 후에 출력됩니다')

time.sleep(5)
print('안녕!')
```

첫 번째 출력문이 실행되고, time.sleep()에 의해서 5초간 실행을 멈춥니다. 그리고 5초 후에 다음 출력문이 실행됩니다.

sleep 함수도 randint와 마찬가지로 아래와 같이 간단하게 사용할 수 있습니다.

```
from time import *
```

```
print('다음 문장은 5초 후에 출력됩니다')
```

```
sleep(5)
print('안녕!')
```

참고로 컴퓨터의 속도는 너무나 빠르기 때문에 아래와 같이 정수형 초 단위가 아니라, 소수점 초 단위로도 멈출 수 있습니다. 아래는 0.05초 동안 sleep하는 코드입니다.

```
import time
```

```
print('다음 문장은 0.05초 후에 출력됩니다')
```

```
time.sleep(0.05)
print('안녕!')
```

'베라 31' 게임에서 컴퓨터 반응 속도 늦추기

'베라 31' 게임에서 참가자가 값을 입력하고 나면, 컴퓨터가 너무 빨리 선택을 한다고 생각하지 않았나요? 컴퓨터가 '생각하는 척' 잠시 컴퓨터의 선택을 지연시키면 게임이 더 긴장감 있을 것 같습니다. 아래와 같이 컴퓨터의 선택 전에 '일부러' 2초간 지연을 시켜보세요.

```python
from random import *
import time        ── time 패키지 불러오기

def 원하는정수값받기(질문):
    while True:
        try:
            입력값= int(input(질문))
            if 입력값 >= 1 and 입력값 <= 3:
                break
            else:
                print('1에서 3사이의 숫자만 입력하세요.')
        except:
            print('입력값이 잘못되었습니다. 다시 입력하세요')

    return 입력값

print('게임 시작!')
```

게임 시작!

```python
게임수 = 0
```

1! 2! 3!

```python
while True:
    입력값 = 원하는정수값받기('[참가자] 숫자 몇 개를 부를 건가요? (1~3):')

    for 숫자 in range(입력값):
        print('{}!'.format(게임수 + 1 + 숫자))

    게임수 = 게임수 + 입력값

    if(게임수 >= 31):
        break
```

지금 바로 실습하세요!

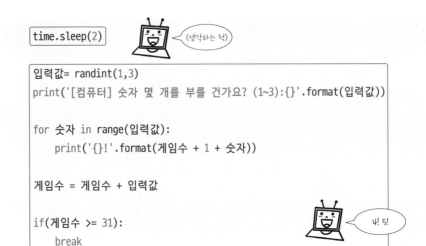

```
time.sleep(2)          (생각하는 척)

입력값= randint(1,3)
print('[컴퓨터] 숫자 몇 개를 부를 건가요? (1~3):{}'.format(입력값))

for 숫자 in range(입력값):
    print('{}!'.format(게임수 + 1 + 숫자))

게임수 = 게임수 + 입력값

if(게임수 >= 31):                          4! 5!
    break
```

```
print('벌칙 당첨!')
```

[Run] 버튼을 눌러 컴퓨터 차례일 때 2초간 잠시 멈추는 것을 확인해 보세요. 게임에 긴장감을 더하기 위해서 지연 시간을 자유롭게 바꿔봐도 좋습니다.

출력 결과

```
게임 시작!
[참가자] 숫자 몇 개를 부를 건가요? (1~3):2
1!
2!
[컴퓨터] 숫자 몇 개를 부를 건가요? (1~3):3       2초
3!
4!
5!
[참가자] 숫자 몇 개를 부를 건가요? (1~3):
...
```

05-5

한 번에 여러 가지 하는 척
― 스레드

'베라 31' 게임 개발은 재미있었나요? '베라 31'을 계속 업데이트하면 좋겠지만, 이번 장부터 학습할 내용은 프로그램에 바로 적용하기에 다소 어려움이 있는 내용입니다. 하지만 알아두면 정말 좋은 내용이니 쉬운 예시로 기본 개념을 설명하겠습니다. 그럼 시작해 볼까요?

Thread 개념 이해하기

이번 장은 영어 공부부터 하겠습니다.
스레드라는 단어는 '실'을 의미합니다.

thread

1. 실
   a needle and thread
   실을 꿴 바늘
2. (이야기 등의) 가닥[맥락]
3. (실같이 가느다란) 줄기[가닥]

아마도 아래와 같이 생긴 실을 얘기하는 것이겠죠?

프로그래밍 용어로 스레드라는 단어를 사용하기 시작한 분이 아마도 컴퓨터의 처리가 긴 실타래처럼 순서대로 차례차례 진행된다고 생각했던 것 같습니다. 위의 그림을 영어로 표현하면,

A thread(하나의 실)

입니다. 그럼 이제, thread의 복수형인 threads(여러 실들)를 생각해 볼까요? 실을 여러 가닥으로 자르면, threads가 되겠죠? 마찬가지로 코딩에서도 긴 실을 조각조각 나눠서 따로 사용할 수 있게 했는데, 그 행위를 스레딩이라고 합니다.

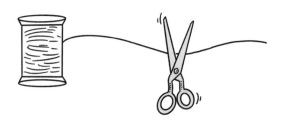

코딩에서 스레딩하는 이유

지금 가영이 앞에 꼬치처럼 실에 꿰인 핫도그, 피자, 햄버거가 있습니다. 가영이가 이 3가지 음식을 먹는 방법을 생각해 보겠습니다.

우선 햄버거, 피자, 핫도그를 실에 꿰인 순서대로 하나씩 먹는 방법이 있습니다.

맛있겠네요. 그런데 가영이에게 한 가지 문제가 발생했습니다. 햄버거를 맛있게 먹다 보니 피자랑 핫도그가 다 식어버려서 맛이 없어진 것입니다! 그래서 고민을 합니다. '어떻게 3가지 음식을 식기 전에 다 맛볼 수 있을까?' 하고요. 가영이는 아래와 같이 실을 잘라서 핫도그 한 입, 피자 한 입, 햄버거 한 입을 먹기로 하였습니다. 그럼 모든 음식을 식기 전에 맛볼 수 있겠지요?

코딩에서도 이와 비슷하게 번갈아 코드를 처리해야 하는 상황이 있습니다. 이럴 때 하나의 실을 쪼개서 프로그래밍하는 스레딩을 사용합니다.

스레딩을 통해 할 수 있는 일

실제로 코딩에서 일어나는 일을 예로 들어보겠습니다.

선화, 두현, 재민이 사방팔방 움직이고 있네요. 컴퓨터 입장에서 생각해 보겠습니다. 선화가 오른쪽으로 가는 동안, 재민은 왼쪽으로 가고, 두현은 점프하는 동작을 동시에 어떻게 구현할 수 있을까요?

컴퓨터에 명령이 내려지는 순서가 하나의 실에서 차례차례 순서대로 이루어진다면, 먼저 두현이 점프하고, 그 다음에 재민이 이동하고, 그리고 선화가 이동을 하게 됩니다.

그런데 우리는 동시에 움직이는 것을 원하죠. 이런 경우에 스레딩을 사용합니다. 즉, 하나의 실로 죽 이어져 있는 선화, 두현, 재민을 각각 별도의 스레드로 만들면 됩니다. 실을 끊어서 3개의 가닥으로 만드는 것이죠. 그리고 각 스레드를 따로따로 움직이게 하면 됩니다.

이렇게 스레드를 따로 만들면 컴퓨터는 선화, 두현, 재민을 한 번씩 번갈아 가면서 움직이게 합니다. 앞서 핫도그, 피자, 햄버거를 한 입씩 번갈아 먹었던 것처럼요.

컴퓨터의 최대 장점인 엄청나게 빠른 속도로 번갈아 이동하기 때문에, 사람의 눈에는 선화, 두현, 재민이 '동시에 움직이는 것처럼' 보입니다. 이러한 방식을 멀티스레딩이라고 합니다. **멀티스레딩** 개념에서 핵심은 컴퓨터가 업무를 '동시'에 하는 것이 아니라 여러 가지 업무를 '번갈아' 가며 하는데, 우리 눈에는 마치 동시에 하는 것처럼 보인다는 것입니다.

실제 코드에서 멀티스레딩 활용하기

실제 코딩에서 스레드를 사용하는 방법을 알아보기 위해서, 스레드를 사용하지 않은 예시를 먼저 보겠습니다.

우선 '숫자세기'라는 이름으로 클래스를 하나 만들고, 그 안에 0부터 4까지 출력하는 '셈하기'라는 메서드를 만들어보겠습니다. 그리고 인스턴스 2개를 생성한 다음 '셈하기()'를 순서대로 실행해 보겠습니다.

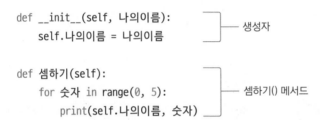

```
class 숫자세기:

    def __init__(self, 나의이름):          ┐— 생성자
        self.나의이름 = 나의이름            ┘

    def 셈하기(self):                      ┐
        for 숫자 in range(0, 5):          ├— 셈하기() 메서드
            print(self.나의이름, 숫자)      ┘

첫번째 = 숫자세기('첫번째')
두번째 = 숫자세기('두번째')

첫번째.셈하기()
두번째.셈하기()
```

화면에 어떻게 출력될까요? 같이 보겠습니다.

첫번째0
첫번째1
첫번째2
첫번째3
첫번째4
두번째0
두번째1
두번째2
두번째3
두번째4

숫자가 순서대로
출력돼!

두번째·셈하기( )

첫번째·셈하기( )

너무 당연한 결과라고 생각되나요? 클래스가 숫자를 출력하는 명령이 아닌, 앞서 예로 든 사람이 움직이는 명령이라고 가정한다면, 한 사람 움직임이 끝난 다음에 다음 사람이 움직인다는 이야기입니다. 이제 좀 답답하게 느껴지나요?

자, 이제 스레드를 사용해 보겠습니다. 파이썬을 포함한 대부분의 프로그래밍 언어에서는 복잡한 개념의 스레드를 간단하게 사용할 수 있게 스레드 클래스를 제공합니다. 이미 만들어진 threading 패키지 안에 있는 Thread 클래스를 간편하게 상속받기만 하면, 내가 만든 클래스가 스레드 기능을 가지게 되죠.

```python
import threading          ── threading 패키지 불러오기

class 숫자세기(threading.Thread):  ── Thread 클래스 상속받기

    def __init__(self, 나의이름):
        threading.Thread.__init__(self)
        self.나의이름 = 나의이름

    def run(self):  ── 호출하는 이름 변경
        for 숫자 in range(0, 5):
            print(self.나의이름, 숫자)

첫번째 = 숫자세기('첫번째')
두번째 = 숫자세기('두번째')

첫번째.start()
두번째.start()  ── 메서드 이름 변경
```

딱 다섯 군데를 수정했습니다. 먼저 threading 패키지를 import한 후, threading 패키지 안에 있는 Thread 클래스를 상속받습니다. 그리고 생성자의 초기화 메서드 __init__에도 상속받은 클래스를 추가해 줍니다. 또한 '셈하기()' 메서드의 이름을 run()으로 변경했습니다. 마지막으로 실행 코드에서 '셈하기()' 메서드를 호출하는 대신에 start() 메서드를 호출했습니다. 그럼 다시 실행해 볼까요?

```
첫번째0
두번째0
두번째1
첫번째1
두번째2
첫번째2
첫번째3
두번째3
두번째4
첫번째4
```

이번에는 숫자가 섞여서 나오네!

'첫번째', '두번째' 인스턴스의 실행 순서가 섞이기 시작했네요. 한 번 더 실행해 보겠습니다.

```
첫번째0
두번째0
첫번째1
두번째1
두번째2
첫번째2
두번째3
두번째4
첫번째3
첫번째4
```

(온라인 컴파일러에서 실행하면 프로세스 지연으로 스레드 효과가 나타나지 않을 수 있습니다. 그럴 땐 run() 메서드에 sleep()을 사용해 보세요.)

순서가 또 변경되었죠? 상속받은 threading.Thread 클래스는 start() 메서드를 실행하면 클래스의 메서드 중 run() 메서드를 찾아 실행하도록 코딩되어 있습니다. 이때 run() 메서드를 단순히 실행하지 않고 스레딩한 후 실행합니다.

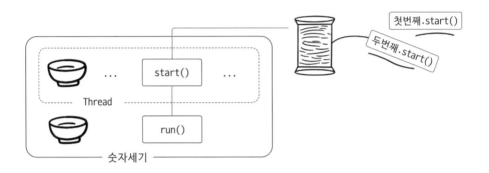

그래서 위의 예시에서도 첫 번째 인스턴스의 run() 메서드와 두 번째 인스턴스의 run() 메서드가 순서에 상관없이 각자 힘껏 실행되어, 화면에 섞여서 출력됩니다.

스레드의 개념이 이해되나요? 다소 어렵지만 중요한 개념이며, 다양한 클래스에 이미 상속이 되어 숨어서 역할을 하는 클래스이기도 합니다. 따라서 스레드가 필요한 이유와 어떻게 작동하는지 잘 이해해 두세요.

 궁금해요! 멀티스레딩은 멀티태스킹이랑 다른가요?

멀티스레딩과 멀티태스킹^{Multi-Tasking}이 같은 의미냐고요? 간혹 혼용해서 사용하기도 하지만, 정확한 의미는 다릅니다. 멀티태스킹은 여러 앱을 동시에 돌리는 것을 의미하고, 멀티스레딩은 하나의 앱 안에서 여러 가지 작업이 동시에 진행되는 것을 의미합니다.
쉬운 예로 컴퓨터에서 인터넷을 보고, 카톡을 하고, 음악을 듣는 것과 같이 서로 다른 앱을 동시에 동작시키는 것은 멀티태스킹이라고 하고, 인터넷을 할 때 여러 사이트를 동시에 열어놓고 보는 것은 인터넷 앱의 멀티스레딩이라고 할 수 있습니다.

문제 별표시로 달리기 경주하는 아래 코드를 입력해 보세요.

```
import time
```

```
class 오른쪽으로달리기:

    def __init__(self, 나의이름):
        self.이동거리 = 나의이름 + ':'

    def 달리기(self):
        for 숫자 in range(0, 5):
            self.이동거리 = self.이동거리 + '*'
            time.sleep(0.005)
            print(self.이동거리)
```
⟶ 스레드 효과를 보여주기 위해 sleep 추가!

```
수호 = 오른쪽으로달리기('수호')
세훈 = 오른쪽으로달리기('세훈')

수호.달리기()
세훈.달리기()
```

결과 [Run] 버튼을 누르고 결과를 확인해 보세요. 수호와 세훈이 달리기 경주하는 모습이 별표시로 나타납니다.

출력 결과
수호:*
수호:**
수호:***

```
수호:****
수호:*****
세훈:*
세훈:**
세훈:***
세훈:****
세훈:*****
```

그런데 두 사람이 동시에 뛰지 않아서 공평해 보이지 않네요! 스레드를 이용해 수호와 세훈이 있
는 힘껏 달리기 경기를 하는 상황을 만들어보겠습니다. 아래 빨간색 부분의 코드를 수정하세요.

```python
import time
import threading ──── threading 패키지 불러오기

class 오른쪽으로달리기(threading.Thread): ──── Thread 클래스 상속받기

    def __init__(self,나의이름):
        threading.Thread.__init__(self)
        self.이동거리 = 나의이름 + ':'

    def run(self): ──── 메서드 이름 변경
        for 숫자 in range(0, 5):
            self.이동거리 = self.이동거리 + '*'
            time.sleep(0.005)
            print(self.이동거리)

수호 = 오른쪽으로달리기('수호')
세훈 = 오른쪽으로달리기('세훈')

수호.start() ──── 호출하는 이름 변경
세훈.start()
```

결과 다시 [Run] 버튼을 눌러보세요. 이번엔 수호와 세훈이 동시에 달리기 경주를 해 엎치락 뒤치락하는 결과가 나옵니다.

출력 결과

```
수호:*
수호:**
세훈:*
세훈:**
세훈:***
세훈:****
수호:***
수호:****
수호:*****
세훈:*****
```

여러 번 [Run] 버튼을 눌러보세요. 경주가 매번 바뀌면서 결과가 달라지는 것을 확인할 수 있습니다. 스레드를 사용하면 각 인스턴스마다 있는 힘껏 실행하기 때문에 그때그때 결과가 다르게 나옵니다.

06

파이썬으로 게임,
데이터 분석까지 도전!

진짜 코딩을 시작하면 각 프로그래밍 언어만의 독특한 코드로 코딩하게 됩니다.
예를 들어 파이썬으로 코딩하면, 다른 파이썬 사용자가 만든
패키지와 라이브러리를 사용해 코딩하는 식이죠.
이번 장에서는 파이썬으로 데이터를 분석할 때 자주 사용하는 패키지 '판다스'와
그래픽 환경 코딩(GUI)에서 사용하는 패키지 tkinter를 가볍게 살펴보겠습니다.

06-1

내 컴퓨터에
개발 환경 만들기

지금까지는 온라인 컴파일러(onlinegdb.com)에서 코딩했지만, 이제부터는 본격적인 파이썬 코딩을 위해서 여러분의 컴퓨터에 개발 환경을 구축한 다음 코딩합니다. 컴퓨터에 개발 환경을 구축하는 방법엔 어떤 것들이 있고, 어떻게 설치하고 실행하는지 살펴보겠습니다.

다양한 개발 환경 이해하기

파이썬으로 프로그래밍하는 환경은 아래와 같이 다양합니다. 이렇게 다양한 이유는 프로그래밍 환경이 하나로 정해져 있지 않기 때문입니다.

	개발 환경 ①	개발 환경 ②	개발 환경 ③
코드 작성기 (에디터)	파이썬 기본 에디터	통합 개발 환경(IDE)	통합 개발 환경(IDE)
컴파일러	파이썬 컴파일러	파이썬 컴파일러	파이썬 컴파일러
컴퓨터 환경	내 컴퓨터	내 컴퓨터	ANACONDA 가상 환경

우선 파이썬 컴파일러가 설치될 **컴퓨터 환경**에서 시작합니다. 컴퓨터 환경(내 컴퓨터 또는 가상 환경)에 파이썬 **컴파일러**가 설치되면, 사용자가 코드 작성기(에디터)를 이용해 파이썬 코드를 작성하게 됩니다. 코드 작성기 또는 **에디터**는 종류가 여러 가지인데 사용자가 원하는 것을 선택해 사용할 수 있죠.

컴퓨터 환경, 컴파일러, 에디터의 역할은 자동차에 빗대어 설명할 수 있습니다. 컴퓨터 환경은 자동차가 주행하는 도로, 컴파일러는 자동차의 엔진, 에디터는 엔진이 어떻게 동작할지 지시하는 운전석이라고 말할 수 있습니다. 운전석인 '에디터'에서 코드를 작성하면, 엔진인 '컴파일러'가 작동하고, 컴퓨터 환경에서 그 코드가 실행되는 것이지요. 단어가 낯설 뿐 어렵지 않습니다.

운전석
= 에디터

엔진(핵심 장치)
= 컴파일러

도로(운전 환경)
= 컴퓨터 환경

그럼 표로 소개한 3가지 개발 환경을 하나씩 살펴보겠습니다.

개발 환경 ① 가장 기본적인 환경

내 컴퓨터에 파이썬 컴파일러를 설치하는 가장 단순한 방법입니다. 파이썬 공식 웹페이지(www.python.org/downloads)에서 파이썬을 설치하면 기본으로 **IDLE** Integrated Development and Learning Environment라는 기본 에디터가 설치되는데, 바로 여기에서 코딩하는 게 첫 번째 개발 환경입니다.

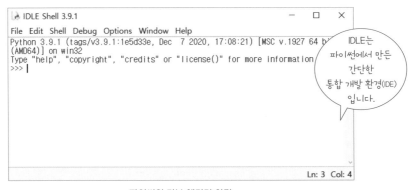

파이썬의 기본 에디터 화면

개발 환경 ② 전용 에디터를 사용하자!

기본 에디터는 사용하기 불편하다는 단점이 있습니다. 그래서 전용 에디터를 사용해 코딩하는 것이 두 번째 개발 환경입니다. 파이썬에서 많이 사용하는 에디터는 **파이참**PyCharm, **비주얼 스튜디오 코드**Visual Studio Code, **주피터 노트북**Jupyter Notebook 등입니다.

파이참 화면

비주얼 스튜디오 코드 화면

위 전용 에디터들은 파이썬 컴파일러를 설치한 후 추가로 설치해 사용합니다.

개발 환경 ③ 가상의 컴퓨터 환경에서 코딩하자!

코딩 프로그램을 설치하다 보면, 책에서 설명한 대로 따라해도 예상치 못한 오류가 발생하는 경우가 종종 있습니다. 컴퓨터마다 환경이 다르기 때문입니다. 이럴 때 가상의 컴퓨터 환경을 만들어 코딩하는 방법을 사용합니다.

가상의 환경을 만든다고 하니, 왠지 어렵게 느껴지나요? 파이썬의 가상 컴퓨터 개발 환경 중 하나인 **아나콘다**Anaconda는 생각보다 간단합니다. 컴파일러부터 에디터까지 설치 한 번으로 모두 끝납니다. 설치 과정만 놓고 보면 개발 환경 ①, ②보다 오히려 더 쉬울 정도죠. 06장에서는 이런 이점을 활용해 아나콘다를 설치해 실습해 보겠습니다.

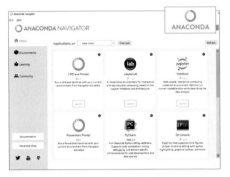

아나콘다 메인 화면

주피터 노트북 화면

1단계 아나콘다 설치하기

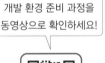

개발 환경 준비 과정을
동영상으로 확인하세요!

1. www.anaconda.com에 접속해 [Products → Individual
Edition]을 클릭한 후 [Download]를 클릭하세요. 내 컴퓨터에
맞는 버전을 클릭하면 설치 파일 다운로드가 시작됩니다.

www.anaconda.com 접속 → [Download] 클릭

PC에 맞는 설치 파일 선택

2. [Next]를 클릭해 설치를 진행합니다. Install for(사용자) 선택 화면에서는 [All Users(모든 사용자)]를 선택하길 권장합니다. [Just Me]를 선택하면 한글 로그인 정보로 인해 실행되지 않을 수 있기 때문이에요.

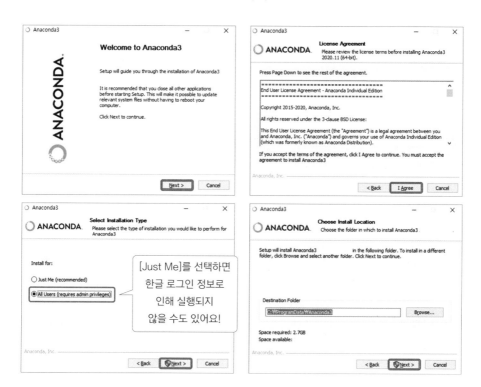

2단계 주피터 노트북 실행하기

설치된 아나콘다 앱으로 에디터인 주피터 노트북을 실행할 수 있습니다. 주피터 노트북으로 어떻게 코딩하는지 살펴보겠습니다.

1. 설치된 [Anaconda Navigator]를 실행하면 나오는 메인 화면에서 주피터 노트북의 [Launch]를 클릭하세요.

[Anaconda Navigator] 실행   [Jupyter Notebook]의 [Launch] 클릭

2. 화면 오른쪽 상단의 [New → Python 3]를 클릭하면 주피터 노트북에서 파이썬으로 코딩할 준비가 끝납니다!

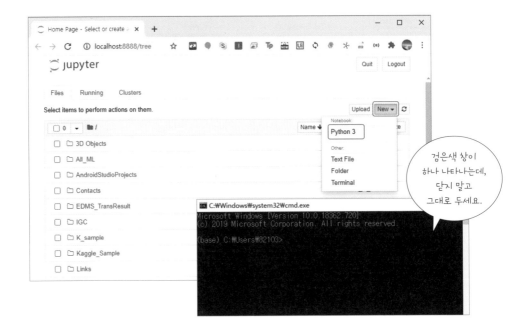

3. 빈칸에 코드를 입력하고 [Run]을 누르면 코드가 실행됩니다.

자, 환경 설정이 끝났습니다. 이제부터 조금 더 파이썬 같은 코딩을 해보겠습니다.

 궁금해요! 기본 에디터를 왜 셸(Shell)이라고 부르나요?

셸을 배우기 전에 컴퓨터 용어 중 하나인 커널^{Kernel}이라는 용어부터 살펴보겠습니다. 단어 뜻부터
확인해 볼까요?

Kernel

1. (견과류·씨앗의) 알맹이
2. (사상·주제의) 핵심

'핵심'이라는 뜻이네요. 즉 OOO 커널이라는 표현이 나오면, OOO의 핵심이 되는 기능이라고 이해하면 됩니다. 예를 들어서 'MS 윈도우' 커널이라고 하면, 'MS 윈도우'를 구동하는 핵심적인 기능을 의미합니다. 마찬가지로, 파이썬을 설치하면 파이썬의 핵심 기능인 파이썬 컴파일러가 설치되는데(컴파일러 이외에도 여러 다른 기능들이 설치됩니다), 파이썬 컴파일러를 '파이썬 커널'이라고 부르기도 합니다.

'커널'과 상반되는 단어로는 **셸**Shell이라는 단어를 사용합니다. 셸Shell은 영어로 조개 껍데기를 의미하죠? 핵심Kernel과 껍질Shell이라는 상반되는 의미를 표현한 것입니다. 앞서 예로 든 자동차로 말하자면, 커널은 자동차의 핵심 부품인 엔진에 해당하고, 엔진을 작동시키기 위해 외부에 노출된 작업공간은 셸이라고 합니다. 파이썬을 설치할 때 기본으로 제공되는 에디터를 셸이라고 호칭하는 이유도, 바로 '커널을 작동하기 위해 코드를 입력하는 껍데기'라는 뜻에서입니다.

셸과 비슷한 단어로, **터미널**Terminal이 있습니다. 컴퓨터 세계에서 터미널은 터미네이터Terminator와 어원이 같습니다. 종말, 마지막을 뜻하는 '끝에 있는'이라는 의미입니다. 즉, 컴퓨터 세계의 터미널은 '가장 끝에서 사용자를 만나게 되는 무엇'을 말합니다. 간혹 셸과 동일한 의미로 사용되지만, 컴퓨터의 중심에서부터 구분해 본다면 다음과 같이 나눌 수 있습니다.

(중심)	커널	셸	터미널	(끝)

자동차 예시를 다시 들면, 자동차의 조종을 운전석에서 한다면 운전석은 셸이기도 하고 터미널이기도 합니다. 하지만, 원격으로 조정되는 자동차라면 자동차를 조정하는 통제실이 터미널입니다.

다소 추상적이지만 커널, 셸, 터미널이라는 단어는 컴퓨터 언어를 배울 때 자주 언급되는 단어인 만큼 개념을 이해해 두는 것이 좋습니다.

06-2

파이썬으로 데이터 분석 기초 맛보기
— 판다스

파이썬은 특히 데이터 분석 분야에서 각광받는 프로그래밍 언어입니다. 파이썬으로 데이터를 분석할 때 대부분 데이터 분석 '패키지'를 사용하는데요. 여러 패키지 중에서 가장 인기 있는 패키지인 **판다스**Pandas'로 데이터 분석을 체험해 보겠습니다.

컴퓨터 세계에서 말하는 '데이터' 란?

그런데 데이터란 무엇일까요? 컴퓨터 세계에서 데이터는 아주 간단하게 말하면 표Table입니다. 어떤 표를 의미하는지, 아래 헬스장 회원 데이터로 잠시 살펴보겠습니다.

	행, 로우(Row) →					
회원번호	이름	가입일	종료일	성별	상태
102365	장홍기	2019.01.13	2021.01.13	남	정상
206587	김진주	2005.11.21	2010.11.20	여	만료
185365	이범	2020.12.01	2021.12.01		보류
589655	김진주	2018.05.12	2024.05.12	남	정상

열, 칼럼 (Column) ↓

헬스장 회원 데이터

Row 데이터와 Column 데이터 구분하기

표는 가로줄(행)과 세로줄(열)로 이루어져 있습니다. 영어로는 로우Row와 칼럼 Column이라고 합니다.

row

1. (사람 사물 들이 옆으로 늘어서 있는) 열
2. (극장 등의 좌석) 줄

▼

column

1. (보통 원형 석조) 기둥; (둥근 기둥 모양의) 기념비
2. 기둥 (모양의 것)

▼

컴퓨터 세계에서도 이 두 단어를 사용해 가로줄의 데이터를 **Row 데이터**, 세로줄의 데이터를 **Column 데이터**라고 부릅니다.

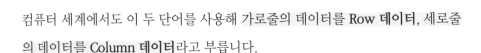

회원번호	이름	가입일	종료일	성별	상태
102365	장홍기	2019.01.13	2021.01.13	남	정상
206587	김진주	2005.11.21	2010.11.20	여	만료
185365	이범	2020.12.01	2021.12.01		보류
589655	김진주	2018.05.12	2024.05.12	남	정상

열 이름
(Column Name)

Row 데이터 →

Column 데이터

예를 들어, 위 헬스장 회원 데이터에서 회원번호 102365로 시작하는 Row 데이터는 {102365, 장홍기, 2019.01.13, 2021.01.13, 남, 정상}이고, '이름'으로 시작하는 Column 데이터는 {장홍기, 김진주, 이범, 김진주}라고 읽을 수 있습니다.

헬스장 회원 데이터에서 'Row 데이터가 추가된다'는 말은, 회원이 추가되어 새 회원 정보가 추가되는 것을 의미하고, 'Column 데이터가 추가된다'는 말은, [핸드폰 번호]와 같이 추가적인 정보가 더해진다고 이해할 수 있습니다.

그리고 각 Column의 맨 위에는 해당 Column의 특징을 나타내는 이름이 있는데 이를 **Column 이름**^{Column Name}이라고 합니다.

Row 데이터를 구분하는 식별자(ID)와 인덱스

컴퓨터는 '**장홍기**' 회원과 '**이범**' 회원의 회원자료를 어떻게 구분할까요? '**이름**'으로 구분할 수도 있고, '**회원번호**'로 구분할 수도 있습니다. 그런데 동명이인이 있다면 곤란하겠죠? 그래서 '**이름**'보다는 '**회원번호**'가 데이터를 구분하기에 더 적합합니다. 아래 예시만 봐도 '**김진주**'라는 회원 정보는 두 개나 있지만, 206587번 회원 정보는 딱 하나만 존재합니다.

회원번호	이름	가입일	종료일	성별	상태
102365	장홍기	2019.01.13	2021.01.13	남	정상
206587	김진주	2005.11.21	2010.11.20	여	만료
185365	이범	2020.12.01	2021.12.01		보류
589655	김진주	2018.05.12	2024.05.12	남	정상

식별자(ID)

이처럼 각각의 Row 데이터를 구분할 수 있는 중복되지 않는 구분 값을 **식별자**ID, Identifier **또는 인덱스**index라고 합니다.

1단계 판다스 패키지 불러오기

데이터의 기본 개념과 구조를 이해했으니, 판다스Pandas 패키지를 이용해 컴퓨터에서 데이터를 다뤄보겠습니다. 원래는 판다스 패키지를 별도로 설치해야 하지만, 아나콘다를 설치했으니 따로 설치할 필요가 없습니다. 아나콘다를 설치할 때 판다스까지 자동으로 설치해 주기 때문입니다.

그럼 판다스 패키지를 불러오겠습니다. 04장에서 배운 방법대로 별명인 **pd**를 붙여 다음과 같이 불러옵니다.

```
import pandas as pd
```

2단계 판다스의 두 가지 클래스 이해하기 — Series, DataFrame

판다스에서는 데이터 처리를 위해 2개의 클래스를 제공합니다. 첫 번째 클래스의 이름은 **시리즈**Series이고, 두 번째 클래스의 이름은 **데이터프레임**DataFrame입니다. Series 클래스는 하나의 칼럼만 있는 데이터인 반면, DataFrame은 여러 개의 칼럼을 가질 수 있습니다. '데이터프레임'이라는 이름처럼 데이터의 틀Frame을 만드는 클래스입니다.

Series에는 하나의 칼럼만 있다고 했지만, 인덱스 칼럼이 무조건 있어야 하기 때문에 실제로는 2개의 칼럼으로 이루어집니다. 앞서 예로 들었던 헬스장 회원 데이터에서 '성별'과 '이름' 칼럼은 다음과 같이 Series의 인스턴스로 저장할 수 있습니다.

인덱스 칼럼

회원번호	성별
102365	남
206587	여
185365	
589655	남

'성별' Series 인스턴스

회원번호	이름
102365	장홍기
206587	김진주
185365	이범
589655	김진주

'이름' Series 인스턴스

코드로는 어떻게 작성할까요? 앞서 04장에서 우리는 클래스로 인스턴스를 만드는 코드를 학습했습니다. 비슷한 방법으로 Series와 DataFrame 클래스를 활용해서 인스턴스를 만들 수 있습니다.

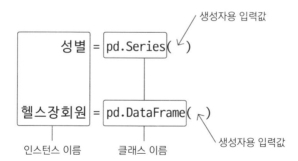

이때 소괄호() 안에는 클래스 생성자에 넣어 인스턴스를 만들 값을 입력해야 합니다. 이 값을 어떻게 입력하는지 살펴보겠습니다.

Series(시리즈) 클래스

Series는 앞서 설명한 대로 인덱스와 하나의 칼럼 값으로 이루어진 짝 형태의 데이터입니다. '짝'이라고 하니 생각나는 메모리 그릇 형태가 있죠? 네, 맞습니다. 딕셔너리입니다. Series 클래스의 인스턴스는 딕셔너리 자료를 생성자로 입력해 아래와 같이 만듭니다.

```
딕_성별 = {'102365':'남', '206587':'여', '185365':'', '589655':'남'}
성별 = pd.Series(딕_성별)
```

위 코드는 시리즈 클래스의 생성자에 바로 딕셔너리 변수 값을 입력해서 아래와 같이 바꿀 수도 있습니다.

```
성별 = pd.Series({'102365':'남', '206587':'여', '185365':'', '589655':'남'})
```

여러 개의 자료를 입력할 경우에는, 아래와 같이 보기 편하게 입력할 수도 있습니다.

```
성별시리즈 = pd.Series({
    '102365':'남',
    '206587':'여',
    '185365':'',
    '589655':'남'
})
```

'성별시리즈' Series 클래스 선언

```
이름시리즈 = pd.Series({
    '102365':'장홍기',
    '206587':'김진주',
    '185365':'이범',
    '589655':'김진주'
})
```

뒤에서는 이 방식으로 선언하겠습니다!

'이름시리즈' Series 클래스 선언

DataFrame(데이터프레임) 클래스

이번에는 칼럼의 자료를 모두 묶어서 데이터의 형태로 만드는 DataFrame 클래스를 살펴보겠습니다. DataFrame은 하나의 칼럼 값만을 저장하는 Series를 한데 묶어서 만들 수 있습니다. 이때 시리즈는 **인덱스 값**으로 묶이며 연결됩니다.

위에서 선언한 '성별'과 '이름'의 Series 클래스 인스턴스를 활용해서 DataFrame 을 만드는 코드는 다음과 같습니다.

```
딕_회원 = {'성별':성별시리즈, '이름':이름시리즈}
헬스장회원 = pd.DataFrame(딕_회원)
```

DataFrame 선언

이렇게 두 개의 Series가 연결되어 데이터를 만드는 과정을 그림으로 표현하면 다음과 같습니다.

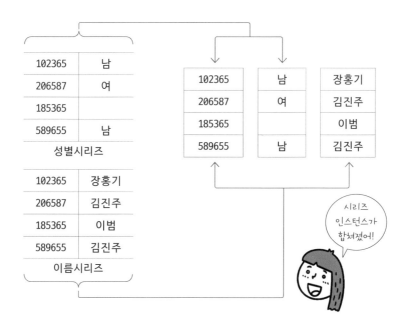

325

이렇게 만들어진 헬스장 회원 DataFrame을 출력하면 다음과 같은 결과가 나옵니다.

```
import pandas as pd ⟜⟞ 판다스 패키지 불러오기

성별시리즈 = pd.Series({
    '102365':'남',
    '206587':'여',
    '185365':'',
    '589655':'남'
})                                        ⎤
                                          ├── Series 인스턴스 생성
이름시리즈 = pd.Series({                    │
    '102365':'장홍기',
    '206587':'김진주',
    '185365':'이범',
    '589655':'김진주'
})                                        ⎦

딕_회원 = {'성별':성별시리즈, '이름':이름시리즈}  ⎤── DataFrame 생성
헬스장회원 = pd.DataFrame(딕_회원)            ⎦

print(헬스장회원)
```

출력 결과

```
        성별  이름
102365  남   장홍기
206587  여   김진주
185365      이범
589655  남   김진주
```

326

DataFrame은 반드시 Series 클래스를 사용해 만들지 않아도 됩니다. 칼럼 이름을 딕셔너리의 키^key로 사용하고, 각 키의 값^value을 리스트로 나열할 수도 있습니다. 그런데, 이렇게 입력하면 앞서 Series 클래스를 사용한 것과 조금 다른 형태로 출력됩니다.

```python
import pandas as pd

헬스장회원2 = pd.DataFrame({
    '회원번호':['102365', '206587', '185365', '589655'],
    '성별':['남', '여', '', '남'],
    '이름':['장홍기', '김진주', '이범', '김진주']
})

print(헬스장회원2)
```

Series 클래스 없이 DataFrame을 만든 모습

출력 결과

	성별	이름
0	102365	남	장홍기
1	206587	여	김진주
2	185365		이범
3	589655	남	김진주

입력하지 않은 0, 1, 2, 3이라는 값이 첫 칼럼에 보이네요. 이는 DataFrame을 만들 때 인덱스를 지정하지 않았기 때문에, DataFrame 클래스에서 자동으로 인덱스를 만든 것입니다. Row 값을 구분할 수 있는 요소가 무조건 있어야 하기 때문이죠. 다시 '회원번호'로 인덱스를 변경하고 싶다면 다음과 같이 수정하면 됩니다.

```
import pandas as pd

헬스장회원2 = pd.DataFrame({
    '회원번호':['102365', '206587', '185365', '589655'],
    '성별':['남', '여', '', '남'],
    '이름':['장홍기', '김진주', '이범', '김진주']
})
헬스장회원3 = 헬스장회원2.set_index('회원번호')
```
→ 인덱스 칼럼의 이름 추가
```
print(헬스장회원3)
```

Series 클래스 없이 DataFrame을 만들고 인덱스 칼럼을 추가한 모습

출력 결과

	성별	이름
회원번호		
102365	남	장홍기
206587	여	김진주
185365		이범
589655	남	김진주

칼럼 이름 중 인덱스인 것을 구분하기 위해 위 결과와 같이 인덱스 칼럼의 이름 **'회원번호'**는 한 칸 밑에 표현됩니다.

지금까지는 각 인덱스별로 값이 모두 있는 경우를 알아보았습니다. 그런데, 만약 아래와 같이 값이 없는 경우라면 어떻게 될까요? 예를 들어 **'성별시리즈'**에서 회원번호 **'185365'**의 성별 값을 아예 입력하지 않은 경우를 살펴보겠습니다.

```
...(생략)...
성별시리즈 = pd.Series({
    '102365':'남',
    '206587':'여',
    '185365':'',
    '589655':'남'
})
...(생략)...
```

```
...(생략)...
성별시리즈 = pd.Series({
    '102365':'남',
    '206587':'여',
    '589655':'남'
})
...(생략)...
```

'이범' 회원의 '성별'을 입력하지 않았어요!

출력 결과		
	성별	이름
102365	남	장홍기
206587	여	김진주
185365		이범
589655	남	김진주

출력 결과		
	성별	이름
102365	남	장홍기
206587	여	김진주
185365	NaN	이범
589655	남	김진주

오른쪽과 같이 입력하면 빈칸 대신 NaN이라는 글자가 나타납니다. NaN은 Not a Number(숫자가 아님)의 줄임말이지만 실제로는 '해당 데이터가 존재하지 않는다' 는 뜻입니다.

칼럼 단위로 DataFrame의 자료를 부르는 방법

DataFrame 클래스에서는 칼럼 단위로 자료를 부를 수도 있습니다. 아래 예시를 보겠습니다.

```
import pandas as pd

성별시리즈 = pd.Series({
    '102365':'남',
    '206587':'여',
    '185365':'',
    '589655':'남'
})                                    ─── Series 인스턴스 생성

이름시리즈 = pd.Series({
    '102365':'장홍기',
    '206587':'김진주',
    '185365':'이범',
    '589655':'김진주'
})

딕_회원 = {'성별':성별시리즈, '이름':이름시리즈}   ─── DataFrame 생성
헬스장회원 = pd.DataFrame(딕_회원)

print(헬스장회원['성별'])   ↘○→ '성별'만 출력
```

출력 결과

```
102365    남
206587    여
185365
589655    남
```

'성별'에 해당하는 칼럼만 출력된 것을 확인할 수 있습니다.

여러 개의 칼럼도 리스트 형태로 전달해서 선택적으로 출력할 수 있습니다.

...(생략)...

리스트 형태로 칼럼 이름 전달

```
print(헬스장회원[['이름', '성별']])
```

```
        이름    성별
102365  장홍기   남
206587  김진주   여
185365   이범
589655  김진주   남
```

'이름'과 '성별'만 출력한 모습

아래와 같이 조건을 추가할 수도 있습니다.

...(생략)...

조건문 추가

```
print(헬스장회원[헬스장회원['성별'] == '남'])
```

```
        이름    성별
102365  장홍기   남
589655  김진주   남
```

'성별'이 '남'인 경우만 출력한 모습

값 변경하기: loc과 iloc

입력된 DataFrame의 값을 변경하는 방법을 알아보겠습니다. DataFrame 클래스에는 DataFrame 안에 저장된 값을 찾아서 변경하는 메서드가 있습니다. 메서드 이름은 location(위치)의 약자인 loc입니다. loc를 입력한 후 대괄호 [ ]와 함께 인덱스 값과 칼럼의 이름을 적으면 값을 바꿀 수 있습니다. 예를 들어 회원번호 '185365'의 이름을 '이범수'로 변경하는 코드는 다음과 같습니다.

```
헬스장회원.loc['185365']['이름'] = '이범수'
```

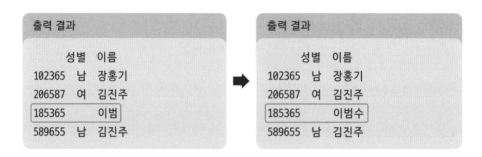

인덱스 값과 칼럼 이름 대신에 숫자를 입력할 수도 있는데, 이때 사용하는 메서드의 이름은 integer location(정수 위치)의 약자인 iloc입니다. iloc를 입력한 후 대괄호 [ ]와 함께 바꾸고 싶은 자료의 위치가 위에서 몇 번째, 왼쪽에서 몇 번째인지 숫자 두 개로 지정하면 값을 바꿀 수 있습니다.

예를 들어, 회원번호 '185365'의 이름은 위에서 세 번째(칼럼 이름이 있는 Row 제외)에 있기 때문에, 컴퓨터 식 순서(0부터 시작)로는 2입니다. 왼쪽에서는 (인덱스 칼럼 제외) 두 번째에 있기 때문에, 컴퓨터 식 순서로는 1입니다.

코드로 표현하면 다음과 같습니다.

```
헬스장회원.iloc[2][1] = '이범수'
```

데이터를 엑셀에서 불러오기

실제 데이터 분석을 할 때 엑셀 파일을 활용하는 경우가 많습니다. 판다스에서도 쉽게 엑셀의 값을 가져올 수 있습니다. 이때 많이 사용하는 확장자는 엑셀 사용자에게 익숙한 .xls 또는 .xlsx가 아닌 .csv입니다. 'CSV'는 Comma Separated Value(쉼표로 구분된 값)의 약자로, 정확히 말하면 엑셀 파일이 아닌 메모장에서도 열 수 있는 텍스트 파일입니다. 예를 들어, 앞서 사용한 헬스장 회원 정보를 csv 형태로 저장하면 다음과 같이 저장됩니다.

```
회원번호,이름,가입일,종료일,성별,상태
102365,장홍기,2019.01.13,2021.01.13,남,정상
206587,김진주,2005.11.21,2010.11.20,여,만료
185365,이범,2020.12.01,2021.12.01,보류
589655,김진주,2018.05.12,2024.05.12,남,정상
```

csv 확장자로 저장한 모습

데이터 분석에서 csv 파일을 사용하는 이유는, 문서 형식까지 저장하는 xls 파일은 파일의 크기가 클뿐더러 MS 엑셀에서만 열리기 때문입니다. (그렇다고 xls 또는 xlsx 파일을 굳이 csv로 변경할 필요는 없습니다. 판다스에서는 xls와 xlsx 파일로도 파일을 열고 닫을 수 있습니다.)

'회원명부.csv' 파일을 판다스에서 불러오는 명령어는 다음과 같습니다.

```
                        파일 이름                        인덱스가 있는 칼럼의 순서
                          ↓                                    ↓
헬스장회원 = pd.read_csv('회원명부.csv', encoding = 'ANSI', index_col = 0, header = 0)
                                          ↑                              ↑
                                      인코딩 방식                    칼럼의 이름이 있는 순서
```

괄호 속 값 중 첫 번째는 파일의 이름입니다. 두 번째는 인코딩 방식인데 기본 설정값을 그대로 사용한다면 생략할 수 있습니다.

저장 환경	인코딩 방식 기본값
윈도우	ANSI
주피터 노트북	UTF-8

우리가 실습 중인 주피터 노트북에서는 기본 인코딩 방식이 UTF-8입니다. 따라서 UTF-8로 저장된 파일의 경우에는 인코딩 방식을 생략할 수 있습니다.
괄호 속 마지막 두 값은 인덱스가 있는 칼럼의 위치와 칼럼의 이름이 있는 행의 위치입니다. 두 값 모두 기본값이 0입니다. 만약 첫 칼럼이 인덱스이고, 첫 행이 각 칼럼의 이름인 경우에는 두 값을 생략해도 됩니다.

작업하던 DataFrame에 앞에서 불러온 '회원명부.csv' 파일 인스턴스를 저장하는 메서드는 다음과 같습니다.

```
헬스장회원.to_csv('회원명부.csv')
```

너무 쉽죠? 이 명령어를 실행하면, 현재 실행 중인 파이썬 파일이 있는 폴더에 '회원명부.csv'라는 csv 파일이 저장됩니다.

데이터 분석 분야 학습을 위한 조언

지금까지 데이터 분석을 위한 첫걸음으로 판다스의 기본을 학습해 보았습니다. 기본이기는 하지만, 판다스를 처음 배울 때 어려워하는 부분 위주로 정리하였기 때문에 판다스를 좀 더 깊게 학습하는 초석이 될 것이라 기대합니다.

이제 데이터 분석은 단순한 데이터 분석에 그치지 않고 머신러닝의 기초가 될 정도로 중요한 주제가 되었습니다. 그런 만큼 현업에서는 판다스 패키지뿐만 아니라, 다양한 패키지들이 사용되고 있습니다. 데이터를 그래픽으로 표현하는 matplotlib 패키지, 숫자 해석에 좀 더 초점을 맞춰 판다스보다 훨씬 빠른 처리 속도를 구현하는 numpy 패키지 등이 자주 사용됩니다. 일련의 연결고리를 책 또는 동영상 강의로 처음부터 끝까지 학습한 다음, 본인에게 필요한 패키지를 찾아 범위를 확장하며 학습할 것을 추천합니다.

코딩 실습 23 판다스로 시간표 만들기

문제 아래 학원 시간표를 판다스 DataFrame으로 저장하고, 빈칸을 'x'로 변경한 다음, csv 파일로 저장해 보세요. (csv 파일은 코드 파일의 폴더와 동일한 폴더에 저장됩니다.)

	월요일	수요일	금요일
1교시	국어	영어	
2교시	수학	영어	수학
3교시		수학	국어

```
import pandas as pd  ← 판다스 패키지 불러오기

# 데이터 생성
월 = pd.Series({'1교시':'국어', '2교시':'수학'})
수 = pd.Series({'1교시':'영어', '2교시':'영어', '3교시':'수학'})  ── 딕셔너리 형태로
금 = pd.Series({'2교시':'수학', '3교시':'국어'})                       Series 인스턴스
                                                                  생성

학원시간표 = pd.DataFrame({
    '월요일':월,
    '수요일':수,                  ── DataFrame 생성
    '금요일':금
})

print('--- 학원 시간표 ---')
print(학원시간표)

# 데이터 엑셀로 저장
학원시간표.to_csv('학원시간표.csv')

# 엑셀 자료 호출                              ↗ 인코딩 방식은 생략!
학원시간표_정리 = pd.read_csv('학원시간표.csv', index_col = 0, header = 0)
```

주피터
노트북에서
실습하세요!
(314쪽 참고)

336

```
# 데이터 값 변경
학원시간표_정리.loc['3교시']['월요일'] = 'X'
학원시간표_정리.iloc[0][2] = 'X'

print('\n--- 수정된 학원 시간표 ---')
print(학원시간표_정리)

print('\n--- 수요일 영어만 있는 시간표 ---')
print(학원시간표_정리[학원시간표_정리['수요일'] == '영어'])
```

결과 주피터 노트북에서 실행하면 다음과 같은 결과가 나타납니다.

출력 결과

```
--- 학원 시간표 ---
      월요일 수요일 금요일
1교시  국어   영어  NaN
2교시  수학   영어  수학
3교시  NaN   수학  국어


--- 수정된 학원 시간표 ---
      월요일 수요일 금요일
1교시  국어   영어   X
2교시  수학   영어  수학
3교시   X    수학  국어


--- 수요일 영어만 있는 시간표 ---
      월요일 수요일 금요일
1교시  국어   영어   X
2교시  수학   영어  수학
```

```
In [4]:  import pandas as pd

         # 데이터 생성
         월 = pd.Series({'1교시':'국어','2교시':'수학'})
         수 = pd.Series({'1교시':'영어','2교시':'영어','3교시':'수학'})
         금 = pd.Series({'2교시':'수학','3교시':'국어'})

         학원시간표 = pd.DataFrame({
             '월요일':월,
             '수요일':수,
             '금요일':금
         })

         print('--- 학원 시간표 ---')
         print(학원시간표)

         # 데이터 엑셀로 저장
         학원시간표.to_csv('학원시간표.csv')

         # 엑셀자료 호출
         학원시간표_정리 = pd.read_csv('학원시간표.csv', index_col=0, header=0)

         # 데이터 값 변경
         학원시간표_정리.loc['3교시']['월요일'] = 'X'
         학원시간표_정리.iloc[0][2] = 'X'

         print('₩n--- 수정된 학원 시간표 ---')
         print(학원시간표_정리)

         print('₩n--- 수요일 영어만 있는 시간표 ---')
         print(학원시간표_정리[학원시간표_정리['수요일'] == '영어'])

         --- 학원 시간표 ---
              월요일 수요일 금요일
         1교시  국어  영어  NaN
         2교시  수학  영어  수학
         3교시  NaN  수학  국어

         --- 수정된 학원 시간표 ---
              월요일 수요일 금요일
         1교시  국어  영어  X
         2교시  수학  영어  수학
         3교시  X  수학  국어

         --- 수요일 영어만 있는 시간표 ---
              월요일 수요일 금요일
         1교시  국어  영어  X
         2교시  수학  영어  수학

In [ ]:
```

338

06-3

그래픽 코딩
체험하기

지금까지 우리는 검은 바탕에 흰색 글자가 나오는 결과 화면만 봤습니다. 이를 텍스트 화면이라고 해요. 그런데 여러분이 사용하는 프로그램들은 이렇지 않지요? 세련된 인터페이스에 아이콘 모양도 다양합니다. 이렇게 멋지게 디자인된 그래픽 화면으로 표현하려면 어떻게 코딩해야 할까요? 이 책의 마지막 순서로, 그래픽 화면으로 코딩하는 방법을 알아보겠습니다.

텍스트 화면 vs 그래픽 화면

예전에 썼던 **도스**DOS, Disk Operating System 컴퓨터 화면을 본 적 있나요? 그때는 화면에 글자만 주르륵 나왔습니다. 그 당시에는 글자로 묻고 답하는 방식으로만 사용자가 컴퓨터와 대화할 수 있었습니다.

즉, 컴퓨터가 글자로 무엇인가를 물어보면, 사용자가 이에 대한 답을 하는 방식이었습니다. 컴퓨터가 기회를 주어야(컴퓨터의 허락을 받아야) 사용자가 입력할 수 있었던 것이죠. 요컨대 도스 시절엔 질문의 기회를 주는 주체가 컴퓨터였습니다.

텍스트 화면

그런데 **그래픽**GUI, Graphical User Interface 화면의 시대로 넘어오면서 상황이 완전히 달라졌습니다. 질문의 주도권이 컴퓨터가 아니라 사용자에게로 넘어온 것이죠.

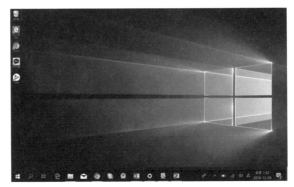
그래픽 화면

우리가 흔히 사용하는 윈도우 화면에는 사용자가 언제든 실행할 수 있는 수많은 선택이 아이콘으로 표현되어 있습니다. 그리고 사용자는 컴퓨터에 미리 허락받지 않아도, 아이콘을 누를 수 있습니다. 예를 들면, 윈도우 아이콘을 클릭해서 윈도우 메뉴를 확인할 수도 있고, 크롬 아이콘을 클릭해서 크롬을 실행할 수도 있으며, 시계 아이콘을 눌러서 달력을 확인할 수도 있죠.

컴퓨터의 허락이 필요 없는 사용자 중심의 그래픽 화면 시대가 도래하면서 새로운 개념이 도입되는데, 바로 **이벤트**Event라는 개념입니다.

일이 생기는 그 순간을 의미해요: 이벤트

우선 이벤트의 단어 뜻부터 확인해 볼까요?

event

1. (특히 중요한) 사건[일]
2. 행사
3. (스포츠 대회 중에 진행되는) 경기[종목]

'사건'이라는 뜻이네요. 어떤 사건을 얘기하는 걸까요? 네, 맞습니다. 사용자가 아이콘을 클릭하는 '사건'을 이벤트라고 부릅니다. 그리고 그래픽 화면에서는 이 이벤트를 중심으로 코딩을 합니다. 핸드폰 앱을 예시로 간단하게 표현하면 다음과 같습니다.

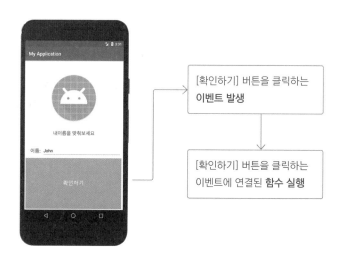

즉, 사용자가 무엇인가 실행했을 때 행동할 함수를 코드로 정의하면 됩니다.

픽셀로 표현되는 화면 속 위치

핸드폰 앱에서 사용자가 화면의 어디든 클릭할 수 있지요? 코딩하는 사람 입장에서 생각하면, 화면의 위치도 고려해 코딩해야 한다는 것을 의미합니다. 그래픽 화면에서 위치를 찾는 방법을 알아보겠습니다.

책을 읽다가 지금까지 읽은 위치를 표시하려면 어떻게 하나요? 대부분 책갈피나 포스트잇을 이용해 읽은 위치를 표시해 둘 것입니다.

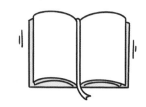

이렇게 책갈피나 포스트잇으로 읽은 위치를 표시할 수 있는 이유는 책이 처음부터 끝까지 순서대로 쓰여 있기 때문입니다. 1쪽 다음에 2쪽의 내용이 이어지는, 당연한 이유 때문이죠.

이번엔 오른쪽의 그림을 감상해 보겠습니다. 그림을 감상하다가, 시간이 없어서 내일 이어서 감상을 하려고 합니다. 오늘까지 감상한 부분을 어떻게 표시할까요? 참 애매합니다. 왜냐하면 그림에는 책과 같이 읽는 순서가 없기 때문입니다.

텍스트 화면과 그래픽 화면의 차이도 이와 마찬가지입니다.

| 텍스트 화면 | 그래픽 화면 |

텍스트 화면에서는 '바로 앞 텍스트'와 같이 위치를 표현할 수 있습니다. 그런데 그래픽 화면에서는 '바로 앞의 그래픽 요소'라고 말할 수 없습니다. 그래서 위치를 다른 방식으로 표현합니다.

그래픽 화면을 이루는 단위: 픽셀

그림에서 위치를 찾는 방법을 이해하기 위해서, 먼저 **픽셀**Pixel이라는 단위를 알아야 합니다. 우리가 보는 컴퓨터 화면은 경계선 없이 매끄러워 보이지만, 크게 확대해서 보면 아래 그림과 같이 수많은 사각형의 조합으로 이루어진 것을 알 수 있습니다.

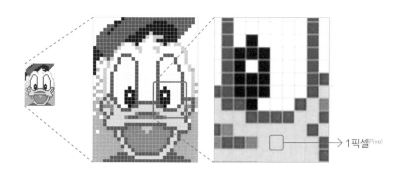

이렇게 수많은 사각형의 조합이 우리 눈에 경계 없이 매끄럽고 자연스럽게 보이는 이유는 사람의 눈으로 확인할 수 없을 만큼 작은 크기의 사각형들을 연결해 색을 표현했기 때문입니다. 하나의 사각형은 한 가지 색상만 표현하는데, 이 사각형을 픽셀이라고 합니다.

그렇다면 같은 크기의 화면을 더 많은 픽셀로 구현한다면 더 자연스러워 보여서 사람 눈을 더 잘 속일 수 있겠죠? 이처럼 픽셀 수의 많고 적음을 나타낼 때 화면의 가로, 세로 픽셀 수를 사용합니다.

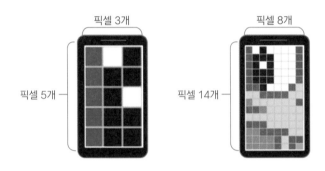

위치를 알려줄 때 픽셀을 사용해요

그래픽 화면에서 위치를 나타낼 때도 픽셀 단위를 사용합니다. 만약 아래 지도가 가로 1024픽셀, 세로 758픽셀의 화면 위에 표현된 그림이라면, 어린이집의 위치는 왼쪽에서 오른쪽으로 가로 750픽셀, 그리고 아래에서 위쪽으로 세로 345픽셀 떨어진 위치에 있다고 표현할 수 있습니다.

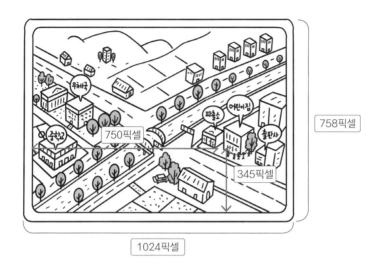

이와 비슷하게 컴퓨터 화면에서 버튼의 위치를 정할 때도, '화면 왼쪽에서 오른쪽으로 몇 픽셀, 아래에서 위로 몇 픽셀 떨어진 곳에 놓으세요'라고 명령해야 버튼이 원하는 위치에 놓입니다.

파이썬의 GUI 패키지로 묵찌빠 게임 만들기

파이썬에는 그래픽 환경에 맞춘 코딩을 위한 다양한 **GUI 패키지**가 있습니다. GUI 패키지란, 쉽게 말해 '버튼'이나 '글자' 같은 그래픽 요소들을 만드는 코드를 저장해 둔 패키지입니다. 클래스를 가져다가 쓰듯이 손쉽게 그래픽 요소들을 만들 수 있죠.

파이썬에서 가장 많이 사용하는 GUI 패키지는 tkinter 패키지와 PyQT 패키지입니다. 이 중에서 파이썬을 설치하면 자동으로 설치되는 tkinter 패키지로 '묵찌빠 게임'을 만들어보겠습니다.

1단계 게임 화면과 동작의 순서 구상하기

GUI 코딩을 할 때 첫 번째로 할 일은 화면 설계입니다. 화면에 어떤 기능이 구현
되어야 할지를 구상하는 단계인데요. 컴퓨터와 내가 묵찌빠 게임을 하는 화면의
모양은 대략 아래와 같이 만들어보겠습니다.

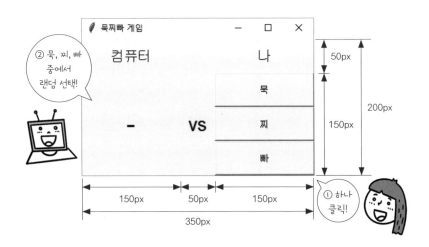

사용자가 어떤 동작을 할 때(어떤 이벤트를 할 때) 화면에서 어떤 일이 일어날지도
정해야 합니다. '묵찌빠 게임'의 경우 사용자가 오른쪽 세 개의 버튼 중 하나를 클
릭하면, 컴퓨터도 묵, 찌, 빠 중 하나를 랜덤으로 선택한 다음 왼쪽 칸에 표시해
보겠습니다.

2단계 위젯의 기본형 이해하기

계획을 마쳤으니 그래픽 요소를 하나씩 만들어야겠죠? 버튼, 글자 등 화면 속 요
소들을 만들기 전에 바탕이 될 윈도우를 만들어야 합니다.

다음과 같이 입력하면 tkinter 패키지를 불러오고, '**묵찌빠 게임**'이라는 이름의
350x200픽셀의 빈 윈도우 바탕이 만들어집니다.

```
import tkinter as tk      GUI 코딩을 위한 tkinter 패키지
from random import *      랜덤 변수 사용을 위한 random 패키지

게임화면 = tk.Tk()   # 윈도우 만들기
게임화면.title('묵찌빠 게임')   # 윈도우 타이틀 입력
게임화면.geometry("350x200")   # 윈도우 크기 정의
```

화면 속 요소들을 만들 차례입니다. 버튼, 글자 등의 요소들을 **위젯**^{Widget}이라고
하는데, 위젯은 tkinter 패키지의 클래스로 저장되어 있습니다. 가장 많이 사용
되는 위젯 클래스는 다음과 같습니다.

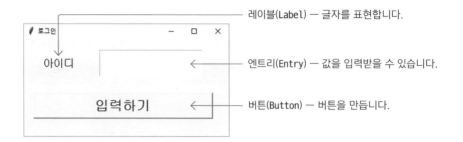

레이블(Label) — 글자를 표현합니다.

엔트리(Entry) — 값을 입력받을 수 있습니다.

버튼(Button) — 버튼을 만듭니다.

위젯의 종류는 다양해도, 위젯을 만드는 방법은 동일합니다.

위젯 클래스를 사용해 위젯 인스턴스를 만든 다음, 인스턴스의 크기와 위치를 지정하면 됩니다. 아래는 레이블Label 클래스 위젯을 만드는 기본형 예시입니다.

레이블예시 = tk.Label(위젯 생성자 변수) # 위젯 인스턴스 만들기

레이블예시.place(메서드 변수) # 만들어진 위젯의 위치와 크기 정하기

버튼Button 클래스 위젯도 아래와 같이 만들 수 있습니다.

버튼예시 = tk.Button(위젯 생성자 변수) # 위젯 인스턴스 만들기

버튼예시.place(메서드 변수) # 만들어진 위젯의 위치와 크기 정하기

이제 괄호 안에 구체적인 위젯 생성자 변수를 넣고 위치, 크기를 지정하는 메서드인 place의 변수도 입력해 보겠습니다.

```
레이블예시 = tk.Label(
    master = 게임화면, ←─────── 위젯이 놓일 컨테이너
    text = '컴퓨터', ←──────── 위젯에 입력할 글자
    font = ('Arial', 15),←──── 글꼴과 글자 크기
    command = lambda: 출력() ←── 클릭했을 때 실행할 함수
)
```

```
레이블예시.place(
    x = 0,
    y = 0,            ─── 위젯의 맨 왼쪽, 위쪽 위치(픽셀)
    width = 150,
    height = 50       ─── 위젯의 가로, 세로 크기(픽셀)
)
```

버튼 위젯 클래스도 동일한 변수로 만들 수 있습니다.

```
버튼예시 = tk.Button(
    master = 게임화면,
    text = '묵',
    font = ('Arial', 15),
    command = lambda: 선택(1)
)
```

```
버튼예시.place(
    x = 200,
    y = 50,
    width = 150,
    height = 50
)
```

한 가지 낯선 용어가 보이는군요! '컨테이너'라는 용어를 짚고 넘어가겠습니다.
흔히 '컨테이너' 하면 컨테이너선에 선적되는 거대한 컨테이너를 생각하기 쉬운
데, 실제 영어에서 컨테이너는 우리가 흔히 사용하는 용기를 말합니다.

이 컨테이너가 아니에요~   무엇을 담는 용기를 말해요!

묵찌빠 게임 코드에서는 메인 창 자체가 컨테이너 역할을 합니다.

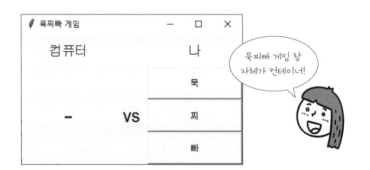

3단계 묵찌빠 게임 위젯 만들기

그럼 이제 묵찌빠 게임의 모든 위젯을 만들어보겠습니다.

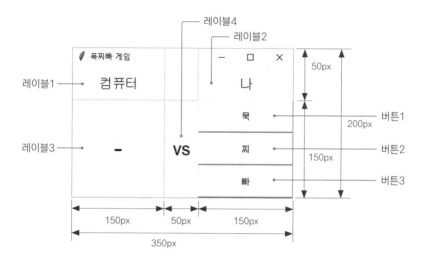

```
레이블1 = tk.Label(master = 게임화면, text = '컴퓨터', font = ('Arial', 15))
레이블1.place(x = 0, y = 0, width = 150, height = 50)

레이블2 = tk.Label(master = 게임화면, text = '나', font = ('Arial', 15))
레이블2.place(x = 200, y = 0, width = 150, height = 50)

레이블3 = tk.Label(master = 게임화면, text = '-', font = ('Arial', 30))
레이블3.place(x = 0, y = 50, width = 150, height = 150)

레이블4 = tk.Label(master = 게임화면, text = 'vs', font = ('Arial', 20))
레이블4.place(x = 150, y = 50, width = 50, height = 150)
```

```
버튼1 = tk.Button(master = 게임화면, text = '묵', font = ('Arial', 10))
버튼1.place(x = 200, y = 50, width = 150, height = 50)

버튼2 = tk.Button(master = 게임화면, text = '찌', font = ('Arial', 10))
버튼2.place(x = 200, y = 100, width = 150, height = 50)

버튼3 = tk.Button(master = 게임화면, text = '빠', font = ('Arial', 10))
버튼3.place(x = 200, y = 150, width = 150, height = 50)
```

4단계 이벤트 함수 연결하기

이제 이벤트 함수를 만들어보겠습니다. 묵찌빠 게임에서 이벤트는 버튼 3개 중
하나를 클릭했을 때, 컴퓨터의 선택이 랜덤으로 정해지고 이것을 화면(레이블3)
에 표현해야 합니다. 그리고 사용자의 선택을 전달받아서, 사용자의 선택과 컴퓨
터의 선택이 같은 경우 사용자의 승리라는 메시지를 띄워줘야 합니다. 메시지를
띄울 때는 '메시지 박스'라는 알림 창을 사용합니다.

메시지 박스 알림 창의 모습(출처: docs.python.org)

알림 창을 표시하기 위해서는 아래와 같이 tkinter 안에 있는 messagebox 클래
스를 별도로 불러와야 합니다. 아이콘의 모양과 버튼의 개수에 따라 여러 옵션이
있지만, 이번에는 [확인](영문 윈도우의 경우 [OK]) 버튼과 느낌표 아이콘이 뜨는

정보형 알림 창을 사용하겠습니다.

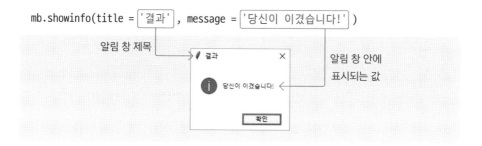

```
from tkinter import messagebox as mb
```

mb.showinfo(title = `'결과'`, message = `'당신이 이겼습니다!'`)

알림 창 제목   알림 창 안에
표시되는 값

묵찌빠 게임에 코드로 적용하면 다음과 같습니다.

```
from tkinter import messagebox as mb
```
→ 메시지 박스 불러오기

```
def 컴퓨터선택(사용자의선택):
    global 레이블3

    묵찌빠 = {1:'묵', 2:'찌', 3:'빠'}
```
→ '묵'을 1, '찌'를 2, '빠'를 3으로 저장

```
    컴퓨터의선택 = randint(1, 3)
```
→ 3가지 중 1개 랜덤 선택!
```
    레이블3.config(text = 묵찌빠[컴퓨터의선택])

    if 컴퓨터의선택 == 사용자의선택:
        mb.showinfo(title = '결과', message = '당신이 이겼습니다!')
        레이블3.config(text = '-')
```

컴퓨터와 사용자의
선택이 같은 경우,
사용자의 승리를 알리고,
컴퓨터의 선택을 초기화

1('묵'), 2('찌'), 3('빠') 중에서 랜덤으로 선택된 결과를 '레이블3'의 값으로 변경하는 코드입니다. 이렇게 위젯 클래스의 생성자를 변경하고 싶을 때 config라는 메서드를 사용합니다.

그런데, 우리가 배우지 않은 global이라는 용어도 있네요! global은 함수 또는 메서드 밖에서 선언된 변수를 함수 또는 메서드 안에서 사용하고 싶을 때 사용하는 키워드입니다. 위 예시와 같이 함수 밖에서 이미 선언된 '레이블3' 변수를 불러와서 사용하고 싶을 때, global과 함께 변수 이름을 입력해 불러오면 됩니다.

이제 각 버튼의 생성자에 들어가는 command 변수에 방금 만든 '컴퓨터선택()'이라는 함수만 입력하면 됩니다. 전체 코드를 확인해 볼까요?

주피터
노트북에서
실습해
보세요!

```python
import tkinter as tk
from random import *

게임화면 = tk.Tk()
게임화면.title('묵찌빠 게임')          ── 윈도우 준비
게임화면.geometry("350x200")

레이블1 = tk.Label(master = 게임화면, text = '컴퓨터', font = ('Arial', 15))
레이블1.place(x = 0, y = 0, width = 150, height = 50)

레이블2 = tk.Label(master = 게임화면, text = '나', font = ('Arial', 15))
레이블2.place(x = 200, y = 0, width = 150, height = 50)

레이블3 = tk.Label(master = 게임화면, text = '-', font = ('Arial', 30))
레이블3.place(x = 0, y = 50, width = 150, height = 150)
```

```python
레이블4 = tk.Label(master = 게임화면, text = 'vs', font = ('Arial', 20))
레이블4.place(x = 150, y = 50, width = 50, height = 150)

버튼1 = tk.Button(master = 게임화면, text = '묵', font = ('Arial', 10), command
= lambda:컴퓨터선택(1))
버튼1.place(x = 200, y = 50, width = 150, height = 50)

버튼2 = tk.Button(master = 게임화면, text = '찌', font = ('Arial', 10), command
= lambda:컴퓨터선택(2))
버튼2.place(x = 200, y = 100, width = 150, height = 50)

버튼3 = tk.Button(master = 게임화면, text = '빠', font = ('Arial', 10), command
= lambda:컴퓨터선택(3))
버튼3.place(x = 200, y = 150, width = 150, height = 50)

from tkinter import messagebox as mb

def 컴퓨터선택(사용자의선택):
    global 레이블3

    묵찌빠 = {1:'묵', 2:'찌', 3:'빠'}

    컴퓨터의선택 = randint(1, 3)
    레이블3.config(text = 묵찌빠[컴퓨터의선택])

    if 컴퓨터의선택 == 사용자의선택:
        mb.showinfo(title = '결과', message = '당신이 이겼습니다!')
        레이블3.config(text = '-')

게임화면.mainloop()
```

> command: 클릭했을 때 실행할 함수를 호출할 때 lambda : 기호를 사용해요!

> def 컴퓨터선택(사용자의선택): → '컴퓨터선택()' 메서드

5단계 화룡점정: mainloop()

'화룡점정'이라는 고사성어가 있습니다. 용을 그린 다음 마지막으로 눈동자를 그려넣어 대단한 그림이 완성된다는 의미입니다. 거대한 일의 마지막을 장식하는 '무엇'을 의미할 때 사용하는 표현이죠. tkinter GUI 코딩에도 화룡점정이 있습니다. 바로 위 코드에서 마지막에 입력한 코드 한 줄입니다.

```
게임화면.mainloop()
```

'loop'라는 단어는 '순환한다'는 의미입니다. 무엇이 순환한다는 뜻일까요? 텍스트 환경과 달리 그래픽 환경에서는 질문의 주도권이 사용자에게 있기 때문에, 사용자가 입력할 때까지 컴퓨터가 '기다린다'고 했습니다. 즉, 사용자가 입력할 때까지 계속 순환하면서 대기하게 만드는 명령어가 mainloop()입니다. 마치 손님(호출)을 기다리며 택시가 동네를 계속 도는 것과 같습니다. 이 코드가 없으면 tkinter의 GUI가 실행되지 않죠.

6단계 게임 결과 확인하기

자, 이제 완성된 게임을 실행해 보겠습니다.

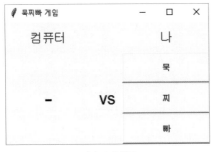

게임 시작 화면

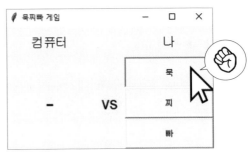

사용자 [묵] 선택

356

컴퓨터 [묵] 선택. 사용자 승!

초기화된 화면

GUI 코딩 학습을 위한 조언

지금까지 GUI 코딩 중에서 가장 많이 활용하는 방식을 배워보았습니다. 하지만 이 방법 외에도 GUI 코딩 방식은 정말 다양합니다. 책을 보고 다양한 기능을 차례차례 학습하는 것도 좋은 방법이지만, 필요한 기능을 인터넷에서 하나씩 찾아보면서 적용 범위를 넓혀가며 학습하는 것을 추천합니다.

 궁금해요!   람다(lambda)는 뭔가요?

람다 lambda는 def 함수를 사용하지 못하는 공간에 함수의 기능을 넣고자 할 때 사용하는 키워드입니다. 묵찌빠 게임 코드에서 lambda가 사용된 위치를 보세요. command 뒤에는 함수의 이름만 적을 수 있을 뿐 함수에 값을 전달할 수 없습니다. 하지만 우리는 함수를 이곳에 넣고 싶죠. 그래서 람다 코드를 사용해 마치 새로운 함수를 만들어서 호출하는 것처럼 코드를 개선한 것입니다.

```
버튼1 = tk.Button(
  master = 게임화면,
  text = '묵',
  font = ('Arial', 10),
  command = 컴퓨터선택
)
```

인자 전달이 불가능한 command

```
버튼1 = tk.Button(
  master = 게임화면,
  text = '묵',
  font = ('Arial', 10),
  command = 컴퓨터선택(1)   오류 발생!
)
```

괄호 안에 함수를 넣으면 오류가 발생해요!

```
버튼1 = tk.Button(
  master = 게임화면,
  text = '묵',
  font = ('Arial', 10),
  command = lambda : 컴퓨터선택(1)
)
```

```
def 이름없는람다함수():
    return 컴퓨터의선택(1)
```

람다를 사용해 문제 해결!

이렇게 람다를 사용하면 인자 값을 전달할 수 없었던 공간에 인자를 포함한 **컴퓨터선택(1)**이라는 결과를 command에 전달할 수 있습니다.

람다는 이처럼 함수를 표현할 수 없는 공간에 함수를 표현하는 기능을 합니다. 그래서 영어로 람다를 inline function(줄 속의 함수)이라고 표현하기도 합니다. 코딩 초보자에게는 이해하기 쉬운 개념이 아니니, '람다는 코드 속 이름 없는 함수다' 정도로만 기억하면 됩니다.

코딩 실습 24   묵찌빠 게임 만들기

▶ 동영상 강의

문제 이번 장에서 학습한 묵찌빠 게임을 조금만 변형해서 직접 만들어보겠습니다.

> 주피터
> 노트북에서
> 실습하세요!
> (314쪽 참고)

```python
import tkinter as tk
from random import *

게임화면 = tk.Tk()
게임화면.title('묵-찌-빠 게임')
게임화면.geometry("250x350")

레이블1 = tk.Label(master = 게임화면, text = '컴퓨터', font = ('Arial', 15))
레이블1.place(x = 0, y = 0, width = 100, height = 50)

레이블2 = tk.Label(master = 게임화면, text = '나', font = ('Arial', 15))
레이블2.place(x = 150, y = 0, width = 100, height = 50)

레이블3 = tk.Label(master = 게임화면, text = '-', font = ('Arial', 30), bg =
"red", fg = "white")
레이블3.place(x = 0, y = 50, width = 100, height = 300)

레이블4 = tk.Label(master = 게임화면, text = 'vs', font = ('Arial', 20))
레이블4.place(x = 100, y = 50, width = 50, height = 250)

버튼1 = tk.Button(master = 게임화면, text = '묵', font = ('Arial', 10),
command = lambda:컴퓨터선택(1))
버튼1.place(x = 150, y = 50, width = 100, height = 100)

버튼2 = tk.Button(master = 게임화면, text = '찌', font = ('Arial', 10),
command = lambda:컴퓨터선택(2))
버튼2.place(x = 150, y = 150, width = 100, height = 100)

버튼3 = tk.Button(master = 게임화면, text = '빠', font = ('Arial', 10),
command = lambda:컴퓨터선택(3))
```

> bg는 배경색,
> fg는 글자색입니다.

```
버튼3.place(x = 150, y = 250, width = 100, height = 100)

from tkinter import messagebox as mb

def 컴퓨터선택(사용자의선택):
    global 레이블3

    묵찌빠 = {1:'묵', 2:'찌', 3:'빠'}

    컴퓨터의선택 = randint(1, 3)
    레이블3.config(text = 묵찌빠[컴퓨터의선택])

    if 컴퓨터의선택 == 사용자의선택:
        mb.showinfo(title = '결과', message = '당신이 이겼습니다!')
        레이블3.config(text = '-')


게임화면.mainloop()
```

결과 주피터 노트북에서 실행하면 다음과 같은 결과가 나타납니다.

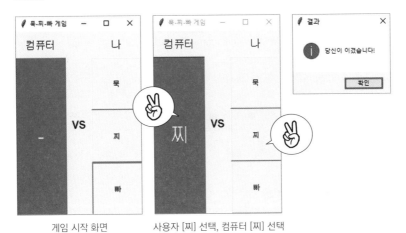

게임 시작 화면   사용자 [찌] 선택, 컴퓨터 [찌] 선택

손으로 푸는
코딩 문제 정답

26쪽 경찰의 암호 코드 해킹하기

코드   실제 뜻

영영(00) • ─────────→ • 아래

영일(01) •   • 위

일영(10) •   • 오른쪽

일일(11) •   • 왼쪽

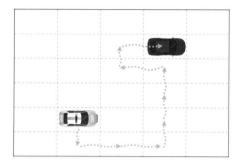

72쪽 컴퓨터의 메모리 종류 복습하기

Q1

계산공간
= Cache Memory
= 캐시 메모리

작업공간
= RAM Memory
= 램 메모리

저장공간
= Storage Memory
= 저장 메모리

모델명	X560UD-BQ014
색상	블랙+라이트닝블루
프로세서	인텔® 코어TM i5-8250U 1.6GHz (6MB 캐시, 최대 3.4GHz)
운영체제	Windows 10
메모리	DRAM DDR4 8GB
저장장치	256GB SSD
디스플레이	15.6인치(1920 x1080)

캐시 메모리: 6MB
램 메모리: 8GB
저장 메모리: 256GB

85쪽 메모리 그릇 크기 이해하기

파인애플 = 5
print(파인애플)

복숭아 = '맛있어'
print(복숭아)

키위 = 10
print(키위)

파인애플 = 15
print(파인애플)

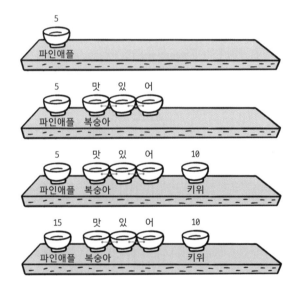

100쪽 '브라우니 만들기' 함수 만들기

```
def 브라우니만들기(버터, 초콜릿, 믹스넛, 바닐라, 달걀):
        초콜릿을 냄비에 넣고 녹인다
        버터를 잘게 잘라서 냄비에 넣고 녹인다
        그릇에 달걀을 풀어 놓는다
        달걀을 푼 그릇에 녹인 초콜릿과 바닐라를 넣고 잘 섞는다
        오븐그릇에 담은 다음 믹스넛을 고르게 뿌린다
        오븐에 180도로 25~30분 굽는다
        return 만든브라우니갯수

나의브라우니 = 브라우니만들기(250, 2, 100, 50, 3)
```

파이썬을 제대로 배우고 싶다면?

Do it!
점프 투 파이썬

4년 동안 압도적 1위!
위키독스 누적 방문 200만!
검증은 이미 끝났다.
초보자의 마음을 가장 잘 이해하고
프로그래밍의 재미를 알려주는 책

난이도 ●○○○○
박응용 지음 | 18,800원

Do it!
11가지 프로젝트로 시작하는
파이썬 생활 프로그래밍

뼛속까지 문과생인 지리학 박사가 집필한
파이썬 생활 프로그래밍 책!
웹 크롤링부터 데이터 분석까지
11가지 프로그램을 내 손으로 직접 만든다!

난이도 ●●○○○
김창현 지음 | 20,000원

기초 프로그래밍을 정식으로 배우고 싶다면?

Do it!
자바 완전 정복

국내 최다 도해 & 그림
1년치 영상 강의까지!
자바 입문서 끝판왕 등장!

난이도 ●○○○○
김동형 지음 | 30,000원

Do it!
C 언어 입문

실무 20년, 현업 프로그래머가
초보자를 위해 엮었다!
120개 예제·270개 그림으로 배우는
C 프로그래밍 기본!

난이도 ●○○○○
김성엽 지음 | 25,000원

웹 프로그래밍을 기초부터 시작하고 싶다면?

Do it!
HTML+CSS+자바스크립트
웹 표준의 정석

웹 분야 1위! 그만한 이유가 있다!
키보드를 잡고 실습하다 보면
웹 개발의 3대 기술이 끝난다!

난이도 ●○○○○
고경희 지음 | 30,000원

Do it!
자바스크립트
+제이쿼리 입문

난이도 ●●○○○
정인용 지음 | 20,000원

Do it!
반응형 웹 페이지
만들기

난이도 ●●○○○
김운아 지음 | 20,000원

Do it!
모던 자바스크립트
프로그래밍의 정석

난이도 ●●●○○
고경희 지음 | 36,000원